Urban
Science

城市文化传播研究丛书

The Third Kind of Settlement:
A Study of Urban-Rural Unified Life

第三类聚居：
城乡一元生命体研究

于炜 著

上海交通大学出版社
SHANGHAI JIAO TONG UNIVERSITY PRESS

内容提要

本书以自然界的自相似性、聚居性等基本规律以及牛顿自然哲学的数学原理与人类社会聚居模式进行内在逻辑比对研究，对人类聚居基本特点和总体脉络进行宏观分析，归纳出了人类社会三类聚居模式：第一类聚居模式——农耕时代的聚族而居；第二类聚居模式——工信时代的聚利而居；第三类聚居模式——城乡一元生命体。

此外，本书创新性地提出生命机理耦合和真善美相统一的城乡一元生命体之"绿色、有机、生命、文化"全新运行机制，重点提出并论证的设计方法有城乡一元生命体模仿(仿生)设计、系统设计、交互设计。

本书适合城市政策制定者和管理者、城市理论研究者、城市规划、区域文化设计者以及关心中国城市政策、城市发展史等领域的读者阅读。

图书在版编目(CIP)数据

第三类聚居：城乡一元生命体研究／于炜著. —
上海：上海交通大学出版社，2019
ISBN 978－7－313－22571－9

Ⅰ.①第… Ⅱ.①于… Ⅲ.①城乡一体化-研究-中
国 Ⅳ.①F299.21

中国版本图书馆 CIP 数据核字(2019)第 285065 号

第三类聚居：城乡一元生命体研究
DISANLEI JUJU：CHENGXIANG YIYUAN SHENGMINGTI YANJIU

著　者：于　炜
出版发行：上海交通大学出版社　　　　　　地　　址：上海市番禺路 951 号
邮政编码：200030　　　　　　　　　　　　电　　话：021－64071208
印　　制：上海天地海设计印刷有限公司　　经　　销：全国新华书店
开　　本：710 mm×1000 mm　1/16　　　　印　　张：10.25
字　　数：156 千字
版　　次：2019 年 12 月第 1 版　　　　　　印　　次：2019 年 12 月第 1 次印刷
书　　号：ISBN 978－7－313－22571－9
定　　价：58.00 元

序　言
Preface

当今，人类聚居所面临的严峻现实与未来走向受到国际社会持续关注。首先，本书以全新视域，对自然界的自相似性、聚居性等基本规律以及牛顿自然哲学的数学原理与人类社会聚居模式进行内在逻辑比对与有机联系研究，对人类聚居基本特点和总体脉络进行宏观分析与重点梳理。研究提出人类聚居基本模式的形成与演化主要源于力的相互作用：不仅遵循物理学意义上的万有引力之普遍规律，还有血缘、宗亲、种族等人类学意义上的心理引力以及政治、经济、社会等社会学意义上的文化引力之作用。以此"三力"作为发展的动力学依据，创新性地归纳出了人类社会三类聚居模式：自人类诞生到第一次工业革命前后，可以称为第一类聚居模式——农耕时代的聚族而居，是以原始生态和农业经济为主的聚居，尽管物质水平相对落后，但在生态与文化上和谐美好，与自然生态天然合一；第一次工业革命前后至今为人类史上的第二类聚居模式——工信时代的聚利而居，是以现代工业以及后来的信息化为主要经济特征的聚居，其科技发达，物质丰富但以利益为中心或目标，在生态上走向天人相争、文化上走向异化破坏的困境。百病缠身的城市聚居正在让人类生活越来越不美好。其根源与成因可归纳为政治、经济、文化等深层问题。中国当代用传统城乡一体化理念解决城乡二元等聚居问题的方式已经过时，因其显现出在政治经济上的片面诠释、规划设计上的狭隘理解以及在经济关系、空间定位、生态环境、制度体制等方面的局限制约，而很难解决根本性问题。基于对人类历史上第一类聚居的天人和谐进行总结归纳，同时具体分析第二类聚居模式的主要问题特别是城市病例病类、基本病因之后，本书创新性地提出构建人类未来天人融合的第三类聚居模式：必须是建立在尊重自然生态系统之上的人与人为善、人与社会为善、人与环境友善——具备有机的、绿色的、生命的、文化的健康生命机理与特征——人文至善的聚善而居的城乡一元生命体。

其次，本书创新性地提出生命机理耦合和真善美相统一的城乡一元生命体之"绿色、有机、生命、文化"新机制，对其在机能上同生命机理以及中国传统文化五行原理的内在逻辑关系进行综合比对分析，对城乡一元生命体系统文化设计在管理策略和方法应用上，重点结合笔者深入实地考察所进行的广西西江经济带聚居文化系统设计的省部级科研项目进行创新思考和案例论证，归纳出城乡一元生命体系统文化设计管理的相关元素、模块与原则，认为在内涵上应符合有机生态的和谐包容机制原理，形式上符合格式塔完形法则与相关形式美法则，真正达到技术之真、人文之善、艺术之美的境界。重点提出并论证的设计方法有城乡一元生命体模仿（仿生）设计、系统设计、交互设计。交互设计应包括：① 人与自然及工具的交互设计；② 人与人及社会的交互设计；③ 城与乡的交互设计。

最后，本书认为城乡一元生命体既包括了在城乡一元生命体聚居空间上的特征，又涵盖着城乡一元生命体聚居时间上的性质。只有同时把时间及空间这两大范畴纳入城乡一元生命体聚居统一的基础之中，才能真正认识城乡一元生命体聚居模式的基础规律。绿色的、有机的、生命的、文化的第三类聚居——城乡一元生命体，作为人类未来的最佳聚居模式，必然以天人合一的生态自然为母体背景，以健康活力的生命存在为运行机理，以科学持续的生长发展为根本目标，以上述"三力"协同发力为持续动力模式，道法自然之天理而又高于原生，师法古人之智慧而又升华适今，依循科学之规律而又扬长避短，真正实现"让万物生灵生活更美好"之聚居愿景。

目 录

Contents

第一章

绪　论

第一节　聚居本质再反思

最早提出人类聚居学（又称人居环境学）的是希腊著名建筑师和城镇规划师 C. A. 道萨迪亚斯（C. A. Doxiadis）。这是一门从社会、经济、文化、艺术、生态、地理等多角度综合考察和交义研究人类居住环境的一门新兴学科，以古希腊字源组成了一个新词 ekistics，蕴含住房、人类定居之意。第二次世界大战后，道萨迪亚斯通过对各种城市规划理论与实践中问题的反思，在 20 世纪 50 年代提出了人居环境的概念，并做了初步阐释和分析。从内涵上看，人类聚居学是一门与人类聚居模式相关的，以人与政治、经济、社会、管理、技术等相互关系为前提的学科，其最终目的是建立一种"使居民能够安全、幸福地生活"的聚居模式。首先，道萨迪亚斯认为人类聚居的形式多种多样，从广义上看包括所有人类住所的形式。它们可以是依托自然而形成的原始住所（如洞穴）或者是基于人类智慧而建造的屋舍，可以是临时搭建的场所（如帐篷）或者用于永久居住的坚固建筑（如以石材建造的建筑），可以是简单的构筑物（如农场里的单个房子）或者是复杂的综合体（如现代大都市）。其次结合城市发展的状况，道萨迪亚斯认为对人类聚居的研究十分必要。

20 世纪 40 年代，以系统论、协同论、控制论等理论建立为基础，边缘与交叉学科发展迅速，城市环境问题成为不少学者开始深入探索研究的目标。1963 年，道萨迪亚斯与其他志同道合的学者创立世界人居环境学会（WSE），为人类聚居学的进一步发展创造了条件。近年来，随着全球范围内居住环境恶化、城乡差距拉大、城市矛盾激化等问题的出现，人居环境的可持续发展已经成为多学科学者关注的话题。在对传统建筑科学的融合基础上，人居环境科学获得快速发展，并在城市规划、软环境评价等领域产生影响。

自从 20 世纪 50 年代人类聚居学的思想正式提出至今，现代意义上的人类聚居研究和实践曲折前行。比较有代表意义的是美国建筑学家维克多·奥吉亚（Victor Olgyay）的研究成果《设计结合气候——建筑地区主义的生物气象学方法》，该著作记录总结了两次世界大战后 10 年里，众多建筑师结合各种自然气候环境、自然能源所创作的切实可行的作品。1984年，以马世骏为代表的学者们提出了"社会—经济—自然复合生态系统"的理论，该理论认为自然生态系统是构成城市骨骼的框架，城市生态系统建设能够有效解决城市内区域性环境问题（大气污染、噪声等），通过分析城市生态系统及其功能服务的类型与内涵，能够帮助我们分析其在评价和维护城市环境、城市总体规划及土地利用中的重要作用，为人居环境的改善提供参考依据。1989 年，吴良镛先生首次提及"聚居论"，认为不能单纯研究房屋建筑，而应把房子看成人类聚居社区，包含社会内容、政治内容、工程技术等诸多方面。他在《广义建筑学》一书中，进一步把聚居与"人居环境"相联系，提出人居环境建设要有机结合科技与人文，以人为本是核心等。钱学森先生受中国传统"天人合一"哲学思想的启发，针对建筑学和城市规划学方面的哲学指导问题，提出了"山水城市"构想。

国际上不断兴起人居环境学研究热潮，人类聚居学长期聚焦于什么样的环境才是适合人类生产、生活的最佳环境等问题的探索，这在城乡环境问题不断出现并造成严重后果的情况下逐渐成为人类共同关注的重点问题之一。研究这些问题的最终目标是以地球村为整体视角，将人居环境塑造成绿色、有机、人本的可持续发展的健康空间。

中国城市的快速发展带来的是利弊共存的结果，人们在享受城市现代化的同时，也感受到城乡差距的拉大及城市化过程中出现的诸多错综复杂的问题。而现有的建筑学和城市规划学对现实中的诸多问题缺乏切实、有效的解决方案。特别是面对中国快速工业化、城市化，和巨大的城乡二元分割对立的复杂局面，卦对城乡建设中的诸多实际问题，我们迫切需要探究新的学术理念和思想。

在国内学界，1993 年中国科学院在技术科学部会议上提出建立"人居环境科学"，并建议提出可持续发展的人类聚居环境的深入研究命题。在政府层面，21 世纪初国家"十五"计划纲要明确提出人居环境理念："以创造良好的人居环境为中心，加强城镇生态建设和污染综合治理"，在《中共中央关于制定国民经济和社会发展第十一个五年规划的建议》、党的十七大报告、中共中央 2006 年 1 号文件、2007 年 1 号文件、2008 年 1 号文件等多个文件中都有涉及"人居环境"的内容。时至今日，改善人居环境仍然是政府关注的民生焦点，党的十八大以来报告乃至最近的十九届五中全会针对这个问题作出了相应的部署。上述文件或报告一方面反映了政府对改善人居环境的重视程度；另一方面也说明人居环境方面存在的问题始终没有得到彻底解决，并且在新问题不断出现的情况下政府文件关注的重心也在与时俱进、不断调整，这需要我们对人居环境的现状及挑战做全面分析，反思传统理论和理论研究方法的不足，寻找促进人居环境可持续发展之路。

一、现实背景

随着生活质量的不断提高，人类对于自身聚居质量的追求也成为焦点，并且在人文精神、美学追求、政治经济等发展基础上掀起一次次居住模式更新的浪潮。中华人民共和国成立 70 多年来，尤其是十一届三中全会以来，中国城市基础设施建设与经济发展高歌猛进，乡镇建设也日新月异。整体的城市化水平迅速提高，城市经济和乡镇经济都在国民经济中扮演了更为重要的角色，城乡居民的生活水平、居住环境也有了突破性的改变。

然而，在城乡发展欣欣向荣之际，更多时候我们忽略了其聚居的真正含义。当前，中国乃至全世界都在推进城市化。老的城区迅速消亡，新型的复制城市模型拔地而起，人们穿梭在高楼林立的现代化都市中，却逐渐淡忘了一个城市应有的历史、文化的沉淀。传统的乡镇民居被一排排雷同的楼房代替，人们开始居住在类似的盒子空间里，人与人之间的交流互动逐渐丧失。大量的农村流动人口作为廉价劳动力进入城市，但在社会管理制度改革滞后的背景下，被都市拒之门外，由于没有城市户口，他们享受不到各种公共服务、社会福利和公平的薪酬待遇，缺乏最基本的生活保障。而在同时，乡村留守老人儿童越来越多，缺乏社会关怀，这也阻碍了农村人居环境的建设和改善。造成此现象的表层原因在于城市公共服务制度性障碍，深层次原因则是当今中国各个城市政府着重以城市发展为利益中心，而非以和谐统筹的城乡一体、公平公正的城乡民生为核心。身份歧视必然造成人与人之间的隔阂和冷漠，造成社会动荡及极端事件的发生，反过来又恶化了城乡人居环境。

此外，城市迅速外扩，失地、无地农民人群庞大而无助，其在城市化发展的利益分配中处于绝对弱势，依靠着微薄的土地征用补偿和社会保障金，基本无法共享土地增值成果，因此造成了大量的农村居民在城市化进程中被边缘化的现象。与此同时城市中的一些底层居民，被迫远离城市中心，拆迁到城市远郊，"土著边缘化""文脉割裂化"成为城市化进程中另一关注点。

表面看似光鲜亮丽的城市化却存在着极大的发展隐患，总结起来有以下三点：第一，城乡居住环境已受到较大破坏，人类良好生存资源所剩不多；第二，随着城乡差距拉大及贫富两极分化，以金钱和权力为主导的社会整体呈现出一种"弱肉强食"的关系，信任危机和社会道德危机的显现在一定程度上影响了社会的正常运行秩序；第三，现有的大幅度城乡居住模式的改革，由于缺少对历史的尊重和对人类非物质文化遗产的珍视，更多地由物质欲望驱动，从而使得今天的城市和乡镇建设缺少文化精神的皈依、价值观的认同、乡愁的寄托。在这个矛盾重重、充满发展隐患的历史时期，我们需要对城乡一体化发展模式进行深度的研究，促进新型的系统化设计理念诞生。

二、学科背景

社会环境变化是引发研究的现实基础。早在17—18世纪的工业革命浪潮所推动的传统经济模式巨大变革之际，人类的居住模式也发生了改变，西方国家逐渐开始关注国民自身居住环境质量的提高。在18世纪中后期，对于人类城市形态发展的更新与改变逐渐成为西方社会学家关注的焦点。社会发展至19世纪中期，城市发展理论开始关注人类居住方式的精神价值的研究。时至 20 世纪中期，人类社会文化、政治、经济快速发展，在此阶段，越来越多不同学科的研究工作者将目光聚焦于城市规划和人类居住形式发展，类型学、社会经济学、历史学等多元交织结构方法论被用于城市发展的研究中，动态城市模式成为新型城市形态建设的主流。20 世纪末至 21 世纪初，对自然生态、生命空间、持续发展的考量，特别是对人类文化和城市结构形态演化能否有机融合的研究，使更多不同领域的人们从多学科跨界角度来反思自己和未来子孙的居住环境。

在中国历史上，类似于城市规划的思想很早就已出现，但大多是为封建的集中王权而进行的帝都城市规划，而对城市居住环境方面的研究起步较晚，到了 20 世纪初，仍以中国村镇生存模式研究为主。事实上，对乡村形态问题的研究必须以多学科交叉研究为基础，但是由于国内相关学科发展的落后，从整体上来说，该类研究在学术界并不多见，但是有关农村问题的其他学科的研究可以提供一些参考和启示。19 世纪 20 年代研究农村问题的专家有陈翰笙、杨开道、言心哲、乔启明、冯和法等人，他们长期深入中国农村进行调查，并积累了非常有价值的研究资料和成果。社会学家也对农村问题做过深入调查，吴文藻、费孝通、梁漱溟、潘乃谷等人，在经过脚踏实地的调研之后著书立说，他们的研究成果在世界范围内产生了重要影响，时至今日仍有非常重要的参考价值。中国农村的发展与国内政治、经济的发展战略密切相关，乡村聚落形态也随政策的调整而变化，农村人口结构的调整、农业基础设施的建设以及城乡二元经济结构等现实因素，成为当时以生产队为载体的乡村聚落形态的基础。

自 20 世纪 80 年代开始，各学科的纵深发展及学术界的百家争鸣，使得交叉学科的研究进入全面发展的阶段，村镇生存模式及乡村形态问题的研究范围及视角有所拓展，宗教、艺术、文化、人文地理及其分支学科等研究方法逐渐在研究相关问题时被引入。在乡村形态研究方面，从以往以乡村小区域、经济发展和文化景观类型等浅表形态为主要方向的研究，逐步转向以解决乡村土地制度改革、环境保护、资源合理利用、可持续发展等诸多深层社会问题为主[①]。

---

① 郭焕成. 我国乡村地理学研究的回顾与展望 [J]. 人文地理，1991，6 (1)：44-50.

　　上述研究范围和研究方法的拓展为本书的写作提供了丰富的资料和研究工具。首先，在研究范围方面，城乡人居环境的改善是连为一体、不可偏废的，不平衡的发展只会导致出现更多的社会问题和矛盾，而难以实现真正意义上的以人为本和可持续发展。其次，在研究视野方面，人居环境不仅包括自然环境，还包括人文景观建设和人际关系的和谐，改善人居环境能使生活其中的居民身心愉悦和提升生活、生产效率。在研究方法上，人居环境科学属于交叉学科范畴，只有注重多学科交叉、多角度观察思辨以及方法的跨界融合使用才能深刻剖析问题，并形成卓有成效的解决对策。

三、国内外研究概况

　　目前国内外有关聚居方面的研究，基本表现在以城市研究为代表的以下方面：一是都市文化理论研究，包括以历史学、考古学、社会学、文化学为核心的文化研究，如美国社会哲学家刘易斯·芒福德（Lewis Mumford）的《城市发展史》，日本著名建造师隈研吾的《十宅论》《负建筑》，赵冈的《中国城市发展论集》等；二是以都市文化、都市化进程为重点的城市文化研究，如中国刘士林的一系列都市化进程报告与著作——《中国都市化进程报告》系列、《中国城市群蓝皮书》等，钱志新的《大智慧城市》，单霁翔的《从"功能城市"走向"文化城市"》，但总体更多关注城市的精神文化等层面，对聚居理念触及较少。

　　此外，还有关于城市规划应用实例、城市二维空间综合开发的研究，是由建筑学、规划学、地理学、经济学、社会学等多领域专家共同合作的结果。他们更多关注村镇硬件层面的内容，强调以土地区域为媒介的二维规划，如亚历山大·加文（Alexander Garvin）所著的《美国城市规划设计的对与错》，理查德·海沃德（Richard Hayward）的《城市设计与城市更新》，凯文·林奇（Kevin Lynch）的《城市意象》，加拿大学者简·雅各布斯（Jane Jacobs）的《伟大的美国城市的死亡与生命》（*Death and Life of Great American Cities*）等。而吴良镛先生关于城市设计的真知灼见，如《城市设计与建筑创作》《科学发展观指导下的城市规划设计》等，相对偏重于人居环境研究，其重要思想是本研究的指导理论之一。

1. 国外城市聚居理论与系统设计研究概况及文献综述

欧洲传统社会以庭院经济和手工劳动为主体，17—18 世纪的工业革命改变了这一城乡形态发展模式，城乡结构日趋复杂，研究重点也随之转向城乡形态变更和改造方面。1853—1870 年，奥斯曼（Hanssmann）的巴黎改造计划推动了城市近代化价值性探索[①]。在此期间产生了极具创造性的城市模式，如"新协和村"（欧文与傅立叶，Owen & Fourier），"田园城市"（霍华德，Howard），"带形城市"（马塔，Mate）、"工业城市"（戛涅，Gamier）等。19 世纪末，田园城市理论、城市艺术空间设计和市政工程设计理论成为现代城市规划理论的核心。20 世纪，城市规划方面，出现的新的主要理论有《广亩城市》（赖特，Wright）和《光明城市》（柯布西埃，Corbusier），但在系统性、深刻性上存在局限性，对于城市形态系统性认知缺失。直到 20 世纪 60 年代，凯文·林奇完成代表作《城市形态》《城市意象》，卡斯托弗（Kostof）完成《城市塑形》《集合城市》，他们针对城市形态的问题和城市形态的建筑元素成因机制，从更新的角度——类型学角度和社会经济技术的角度进行探讨和论述[②]。20 世纪 60—70 年代，学术界普遍出现单一区域规划的倾向，然而现实是城市功能具有多元化和复杂性的特征，针对这一理论研究缺陷，简·雅各布斯提出了城市交织功能论。道萨迪亚斯注重城市交通枢纽建设，并在此基础上建设动态城市。麦克哈格（Mcharg）将自然与城市规划相结合，提出自然生态城市观，亚历山大（Alexander）强调多元体交织、半网络城市重叠统一体观点等。从历史传承角度提出的城市结构与形态的继承性拼贴城市（collage city）这一著名理论，来自知名学者科林·罗（Colin Rowe）和弗瑞德·科特（Fred Koetter）。肖伯格（Siobengs）分析了自然经济条件下的城市形态结构模式。麦吉（MaGee）提出的新型城市区域 Desakota 模式以东南亚港口城市

---

① 景晓芬. 城市化进程中的乡村社区形态转变：从"村社性"到"城市性"的轨迹 [J]. 理论月刊，2010（2）：164 - 169.
② 惠无央. 浅谈城市形态 [J]. 山西建筑，2005（9）：30 - 32.

结构形态为研究标本①。

近 20 年来，信息网络的发展使得信息网络与城市结构形态相结合的模式成为国际研究的热点。迪克伊（Dickey）、卡斯特（Castells）、布洛奇（Brotchie）提出后现代社会城市结构形态转型理论，以道萨迪亚斯、戈特曼（Gottanman）等为代表的学者们提出了世界连绵城市结构理论，他们为城市结构形态演化注入更多生态、空间、文化及科技因素。其他还有新城市主义、紧凑型城市等理论和观念。美国经济和城市地理学家艾伦·斯科特（Allen Scott）另辟蹊径，提出关于空间聚集过程和产业综合体形成的"原始城市形态"概念，更加侧重从社会产业联系和成本的角度进行研究②。

经济全球化进程对城市发展产生多种影响，全球性的政治、经济结构变迁与城市空间层级重整相互关联和渗透，城市变迁难免存在时代和全球化的痕迹。许多学者从这一角度出发探讨城市发展问题，主要包括：卡斯特尔（Castells）强调连接、流、网络和节点等是未来世界空间结构体系赖以建立的基础，在其著作《信息时代：经济、社会与文化》《网络社会的崛起》中有翔实论述；弗里德曼（Friedmann）在他的《市民之城》一书中对城市体系以城市结构网络为标准进行了纵向划分。同时，信息化技术推动了城市形态的发展，在此背景下探讨全球化城市体系成为热点，除了汤森得（Townsend）提出的网络城市理念外，沙森（Sassen）的《全球城市》《世界经济中的城市》，珊卓拉克（Sandercock）的《朝向寰宇都会》等最具代表性③。许多新的城市概念如连线城市、知识城市、智能城市、虚拟城市、信息化城市等逐一产生④。

国外对城市形态问题的研究成果非常丰富，然而在后工业化时期，发展中国家的城乡融合及一体化过程中关于城乡形态发展的系统研究却不多见，大规模的研究更多聚焦于城市蔓延、城市更新问题，如反思传统的社

---

① 景晓芬. 城市化进程中的乡村社区形态转变：从"村社性"到"城市性"的轨迹 [J]. 理论月刊，2010（2）：164-169.

② 宁越敏. 从劳动分工到城市形态：评艾伦斯科特的区位论 [J]. 城市问题，1995（3）：17-19.

③ 王富臣. 形态完整：城市设计的意义 [M]. 北京：中国建筑工业出版社，2005：4.

④ 熊国平. 当代中国城市形态演变 [M]. 北京：中国建筑工业出版社，2006：11.

会形态模式，寻求可持续发展之路，开展理想城市、生态城市、智慧城市等形态研究。现有成果所涉及的领域非常广泛，因此关于城市聚居跨学科研究不再仅局限于空间设计，而是更多地将全球的政治经济、城市经营、低碳低熵的前沿领域融会贯通于其中，为研究发展中国家尤其是中国在城乡一体化过程中的新型城乡形态及其发展趋势奠定了方法论基础。①

2. 国内城市聚居理论与系统设计研究概况及文献综述

在中国漫长的封建社会时期，很早就出现类似城市规划的思想，低水平的生产力使得人类对外部环境产生敬畏心态，聚居形态的设计充分考虑了与外部环境的和谐关系，其布局因贯彻天人合一的理念而呈现合理状态。当时，城镇作为特定功能的综合系统，其形态深受中轴、对称、方正、高低与大小等级之类皇权思想的影响。近代以来，东南沿海沿河的城镇形态仍然以传统的规划及建设范式为主导，但同时还附加了一些殖民地特征。1949 年后，尽管城乡获得长足发展，但与西方工业化国家相比，我国城乡现代化进程较慢，有关城市形态的研究成果零星出现。改革开放之后，相关研究才随着城乡的快速发展而逐渐兴盛起来，主要集中在城市形态和乡村聚落形态方面。

宁越敏的《中国城市研究》系列主要从中国城市快速推进的过程中出现的一系列社会、经济和环境的问题来探讨中国城市发展进程中种种显性及隐性问题。《城市发展研究》期刊主要刊载了我国对城市发展规律、经济、文化、生态环境、规划等重大理论、实际问题的综合性研究。刘士林教授主编、笔者重点参与的中国社科院《城市群蓝皮书》，是针对我国城市群发展做出的报告，从宏观和微观层面全面回顾了三大中国城市群发展的总体概况和阶段特征，并从多因子要素对未来中国城市群发展态势进行了分析与梳理。孙施文作《现代城市规划理论》一文，针对现代城市规划发展进程中的历史性问题和理论问题进行了分析讨论。长期从事区域与城市研究的胡序威在《区域与城市研究》一书中，从经济地理学与区域科学

---

① 李泉，林柯. 国内外城乡形态问题研究述评：兼论中国城乡一体化进程中的新型城乡形态 [J]. 甘肃联合大学学报（社会科学版），2012，28（3）：29-35.

角度对区域和城市发展问题进行了系统的综合研究。《中国城市发展：转型与创新》由叶南客、李程骅共同编著，基于当代中国推进城市化进程30年来取得的成果，以南京为标本系统探索中国城市转型发展战略与创新路径。《中国城市史》由知名学者何一民编著，阐述了中国城市的缘起及数千年的发展演变，梳理出一条较为清晰的中国城市发展史脉络。针对城市化大潮裹挟下的乡村聚居相关问题，张建云在《农业现代化与农村就地城市化研究——关于当前农村就地城市化问题的调研》中，针对当前城乡问题，为如何提高农民公共生活质量和妥善的乡村结构提供了指导性意见。

3. 国内外城乡结合或融合研究领域的文献综述

城乡一元生命体系统理念由笔者首次提出，几乎没有先验可鉴。但国内外有关城乡结合或融合方面的研究由来已久，相关的文献颇多，这为本书的研究内容提供了丰富的参考与理论支持。

1）城乡共生理念

最早应用于生物学中的"共生"一词及其理论，于1950年代以后逐渐被其他研究领域所应用，主要有人类学、社会学、经济学、管理学和政治学等。在中国，学者袁纯清系统化地研究了共生理论，将共生理论应用于小型区域经济的研究，并对共生理论的本质、发生的条件以及其影响因素进行了解析。如今，在区域发展与城市群竞合关系的研究中共生理论得到了广泛运用，并且相关的成果丰富。[①]

2）城乡接合部

在传统上，人类社会学的研究一般以城和乡作为分类，但对于城乡接合部的研究较少。顾名思义，城乡接合部主要指城市与农村的交接地带。关于接合部范围的大小，并没有严格的界定。美国社会学家伯德格和罗吉斯（Burdge & Rogers）综合研究认为城郊交界处的城市与农村两个区域不再界限分明，而是呈现重合状态。从功能上看，这部分土地同时承担着城市和农村用地的功能，从形态上看，这部分土地上农田和建筑共生共

① 李铁生. 基于共生理论的城乡统筹机理研究：访浙江工商大学教授、经济学博士郝云宏[J]. 经济师，2005（6）：6-7.

存。因此城乡接合部同时具有城市和乡村的特征。

3) 城乡一体化

"城乡融合"概念及城乡融合理论可以追溯到恩格斯的《共产主义原理》。恩格斯指出要使得社会全体成员共享社会生产带来的福利，社会全面公平地发展，就需要打破旧的分工制度，进行生产教育、变换工种。马克思主义理论认为城乡关系类型与社会发展密切相关，城乡差距拉大，会加重社会不协调程度，从而进一步阻碍社会的发展，因此需要进一步弥合城乡发展的差距，而不是任由两者严重分离。

法国思想家圣西门在 19 世纪提出，构成社会的主要力量包括从事农业劳动和受雇于工厂和国家的居民，他们应平等享有社会组织体系中的种种福利[1]。欧文提出组织社会化程度较高的工农业结合社会化大生产，并以"新协和村"来解决生产私有化与消费社会性的矛盾。另一空想社会主义者傅立叶则提出"法朗吉"[2] 的理想社会单元。

加拿大学者 T. G. 麦基（T. G. Maggie）提出"城乡融合区"概念，即在同一地域内同时发生的城市性和农村性的双重行为之产物[3]。美国著名城市地理学家刘易斯·芒福德（Lewis Mumford）指出，城与乡，同等重要，不能截然分开；应当有机地结合，自然环境比人工环境更重要[4]。从价值取向上来说，明显是倾向自然环境。英国城市学家埃比尼泽·霍华德（Ebenezer Howard）在其代表作《明日：一条通向真正改革的和平道路》中提出以农村为主体的乡城一体化理论，提出了"用乡城一体的新社会结构形态来取代城乡对立的旧社会形态[5]"的"田园城市"概念。1970年代后，美国经济学家利普顿（Lipton）认为城乡发展过程中容易形成"城市偏向"的城乡关系是极端错误的。

具体来说，改革开放后的城乡一体化理论发展基本经历了三阶段：第

---

① 昂利：圣西门圣西选集（第 1 卷）[M]. 王燕生，徐仲年，徐基恩，等译. 北京：商务印书馆，1979：52.
② 乔·奥·赫茨勒. 乌托邦思想史 [M]. 张兆麟，译. 北京：商务印书馆，1990：192-198.
③ 吴传清. 西方城市区域集合体理论及其启示——以 Megalopolis、Desakota Region、Citistate 理论为例 [J]. 经济评论，2005 (1)：84-89.
④ 康少邦，张宁. 城市社会学 [M]. 杭州：浙江人民出版社，1985：216.
⑤ 赵树枫，陈光庭，张强. 北京郊区城市化探索 [M]. 北京：首都师范大学出版社，2001：17.

一阶段是 20 世纪 70 年代至 20 世纪 80 年代中后期，理论的提出与初步研究阶段；第二阶段是 20 世纪 80 年代末期至 20 世纪 90 年代初期，研究范围和研究方向开始延伸到城乡边缘区；第三阶段是 1990 年代中期至今，理论研究框架和体系开始形成，研究内容日趋丰富和成熟。但因为城乡一体化研究涉及经济、社会、文化、生态、空间景观等诸多方面，所以不同的学科在对其理解和研究过程中存在不同的偏重性。[①]

4）"山水城市"思想

中国"山水城市"之理念源泉可追溯到数千年前的中国风水学说与理论。英国托马斯（Thomas）的"乌托邦"设计，R. E. 帕克（R. E. Park）的城市生态学说以及霍华德的"田园城市"等理论是代表作。"山水城市"是极具中国特色的未来城市发展模式理论。

城市与乡村、人造空间与自然生态空间之间的矛盾由来已久，近百年来，西方先哲们致力于统筹、协调，为解决上述矛盾进行了长期的探索研究。"让城市回到自然中去"的理想与中国传统"天人合一观"的风水思想本质上是一致的，体现了东西方在这一领域研究的殊途同归之处。美国马尔什、奥姆斯特德（March & Olmsted）在 19 世纪中叶提出了"城市公园运动"；英国社会学家霍华德在 1898 年提出的"田园城市"理想模式，其主旨是希望人们能生活在既具有充分发展的社会经济环境，又具有美好自然环境的新型城市之中；雷蒙·恩温（Raymond Unwin）的"卫星城镇"理论和美国建筑师佩利（Perry）的"邻里单位"理论在 1920 年代先后提出；1930 年代，法国建筑大师柯布西埃"绿色城市"的概念和美国建筑师赖特的"广亩城市"思想等影响日盛。[②]

以上中外文献反映出较为多样的城乡融合理念，就当时当地的微观层面分析，当然有其积极意义与价值，但时代在发展，笔者认为其中不少观点尤其是所谓的传统城乡一体化理念已经过时，因其显现出其政治经济上的片面诠释、设计理念上的狭隘理解以及受经济关系、空间定位、生态环境、制度体制等方面的制约，并且还没有把城乡背后的聚居本质特性与规律真正揭示

① 李丹. 城乡一体化的理论回顾与分析 [J]. 理论与当代，2008 (11)：32 - 34.
② 朱江."山水城市"的理论基础与理论特点 [J]. 中外房地产导报，1997 (14)：21 - 22.

出来，对聚居生态背景下的生命特质没有深层认知，因此很难解决现阶段中国所面临的旧有城市疾患和新型城镇化推进中的诸多现实问题。

第二节　聚居理念新构建

城乡差距、工农割裂成为阻碍社会进步的重要原因，因此逐步消除城乡差距，并将农业与工业、城市与乡村有机结合起来促进城乡协调发展，是未来社会发展的总趋势。这是我国全面实现现代化和小康社会而需要正视并认真对待和解决的历史性任务。

1. 研究的必然性

自 20 世纪上半叶开始，人类生产方式从工业化积累性生产向后工业化消费性生产转变，所产生的新的社会组织形态与文化精神状态开启了近代的都市化进程，城市聚居模式让人爱恨交织。自 20 世纪八九十年代至今，都市化浪潮席卷全球，尤其在经济社会全面进步与转型发展的当下，中国都市化进程更是跨越式发展。

然而，改革开放以后中国城市虽然迅速发展，但城市病也爆发式呈现，主要有以下表现：城乡规划设计理念陈旧、观念偏颇、概念模糊；在城乡规划设计理论应用过程中问题频现，例如国家大剧院的"水煮蛋"形态构成、上海环球金融中心的类似日本刀造型等部分建筑设计严重影响到国家文化形象和声誉；有些城市建筑设计则是强搬民粹，例如某个号称"黄金大厦"的投资项目等；一味地促进新城新貌以至于城乡长年累月地处于建筑施工中，造成人民生活不便以及生命财产安全存在隐患；有些城市规划则会造成居民日常生活的困顿和迷茫，城市综合体与城市 CBD 定位失误、交通系统瘫痪、城市视觉标识系统紊乱等，并且高碳高熵城市运行情况时有发生；还有部分城市因设计规划失败而致使城市内部循环系统脱节，无法实现可持续发展；村镇建设唯当前利益，无限制地廉价征用土地，使得工厂遍地，等等。本书对人类聚居历史进行归纳梳理，对当今时代中外聚居模式尤其失败规划案例进行反思研究，探寻相对科学公允的设计成败评判标准和务实可行的治理对策，并在此基础上构建全新的超越传统城乡二元割裂或建城毁乡式城镇化思路的城乡一元生命体聚居理念模式，这是研究当代国内外城市化进程、城乡一体化和人类聚居文明的内容之一。

2. 研究的目的

中国新型城镇化建设史无前例。旧有城市化、工业化聚居模式带来了一系列人类生存发展的重大问题，在此背景下，中国未来城镇化如何走出一条扬长避短持续发展的新路，不仅对于促进我国社会公平和共同富裕，而且对于世界经济的发展和生态环境的改善等，具有深远影响与重大意义。城乡一元生命体全新聚居模式基本理论与设计框架的构建，旨在破解目前中国城市发展现状中的病例顽症，也是落实党的十八大以来提出的"美丽中国建设"、健康推进中国未来新型城镇化建设，特别是真正践行 2013 年 12 月 12 日至 13 日习近平同志在中央城镇化工作会议上关于城镇化"要让居民望得见山、看得见水、记得住乡愁"讲话的精神，是探索全社会结构创新转型的全新路径。

人类聚居，无论城市还是乡村，不仅仅是一个复杂的机械化集成，更是一个鲜活的生命体系统，有其自身生物学意义上的生命机理与生态、生存、生长意义。健康聚居模式构建与设计应是具有哲学创造属性和应用艺术功能的广义设计艺术体系，它们在情感、精神与灵魂的关注关爱上是高度一致的，体现出浸润在聚居构成中的各个元素及其集成的生命灵性与特征，融合真善美，摈弃假恶丑，这正是人类未来的第三类聚居模式——笔者称之为城乡一元生命体设计艺术的宗旨与真谛。所以，城乡一元生命体设计应当将生态保护与社会进步结合，功能实现与审美体验并重，历史精华与时代需求融合，以人为本，使艺术之美和人文之善融合科学之真，从而构成全新的城乡一元生命体聚居模式。特别是要侧重城乡一元生命体中各种关系元素的梳理与组合，将建筑、交通、公共空间、绿化、文物保护、文化活动与消费、政府法制、社会管理、社区生活、个体分众与大众互动关系等聚居的各个子系统相互交叉综合，使得城乡一元生命体设计管理及艺术手段渗透并润泽于新型城镇化进程中的所有环节和领域，最终形成绿色的、有机的、生命的、文化的城乡一元生命体聚居模式。

第三节　天人合一新聚居

健康科学推进新型城镇化的未来模式是复兴古代"天人合一"但物质
匮乏、效率低下的第一类聚居模式？还是继续沿着工业革命以来虽然物质
极大丰富但"天人相争""天怒人怨"，城市病频发的现代旧有城市发展的
传统老路前进？显然都不可取。推进城镇化的使命是实现人类聚居模式的
健康可持续发展，实现人之个体与人类全体的健康与可持续发展，实现人
与周边万物生灵的和谐美好相处。其根本目的是解决"三农"问题，统筹
区域协调，促使人与社会科学健康全面发展、创新驱动转型发展。因此，
应该结合实际与未来趋势大胆进行理念模式创新和设计创新。本书尝试在
人类第一类聚居和第二类聚居模式的基础上进行扬弃，构建人类文明发展
史上全新的第三类聚居模式——城乡一元生命体。具体地讲，国家的主体
是人民，吃穿住行乃是人们最基本的生活要求，因此，保障城乡居民生活
模式的健康可持续发展，就需要有针对性地研究人类聚居模式的发展变
化，借鉴西方国家的成功规划经验，师法古人、师法自然，创新并推进适
宜于我国的城乡生命体聚居模式，此正是本书《第三类聚居模式——城乡
一元生命体研究》的意义所在。

第四节　城乡一元生命体的提出

首先，本书以全新的视域对自然界自相似性、聚居性等基本规律，以
及牛顿自然哲学的数学原理与人类社会聚居模式进行内在逻辑比对与有机
联系研究，对人类漫长历史中出现的各类聚居模式的基本特点、总体脉络
进行宏观分析与重点梳理。本书认为人类的聚居基本形态模式的形成主要
源于力之相互作用：不仅遵循物理意义上万有引力之普遍规律，而且还有
血缘、宗族、民族等人类学意义上的心理引力以及政治、经济、社会等社
会学场效应意义上的文化引力之作用。人类的聚居，是这"三力"相互作
用并不断平衡的结果。

　　其次，本书创新性地提出人类社会三类聚居模式的划分依据：以第一次工业革命为分水岭，自人类诞生到第一次工业革命前后，可以称为第一类聚居时代，是以原始生态和农业经济为主的聚居，尽管物质相对落后，但在生态与文化上和谐美好，与自然生态天然合一；工业革命前后至今为人类历史上的第二类聚居时代，是以现代工业和后工业为主要特征的聚居，其在科技和物质文明上是发达的，但在生态上从天人合一走向天人相争，在文化上走向异化与破坏，高熵高碳、百病缠身的城市聚居，其深层症结归纳为政治、经济、文化诸多因素的综合作用，本书还进一步对其成因进行剖析。当代中国解决城市病症和城乡二元等问题，用传统的城乡一体化的理念已经过时，因其显现出政治经济上的片面诠释、规划设计上的狭隘理解以及在经济关系、空间定位、生态环境、制度体制等方面的局限制约，很难从根本上解决相关问题。基于对第一类聚居的天人和谐现象进行总结归纳，并在具体分析提出人类历史上第二类聚居模式的主要问题特别是现代城市弊病原因的同时，本书创造性地提出人类未来最佳聚居模式必须是建立在自然生态系统基础之上具有生命机理的且健康成长的一元生命体系统——未来人类社会第三类聚居，即城乡一元生命体。

　　再次，本书创新性地提出生命机理耦合和真善美相统一的城乡一元生命体的系统建构，并对城乡一元生命体系统设计策略和艺术表达方法进行案例举证和创新思考，认为城乡一元生命体设计在本质内涵上应符合生态的和谐包容、生命的活力机制与原理乃至中国传统文化中的"五行"基本原理，形态上符合格式塔完形法则与相关形式美法则，真正做到技术之真，人文之善，艺术之美。重点设计方法有城乡一元生命体模仿（仿生）设计、系统设计、交互设计。交互设计应包括：① 人与自然及工具的交互设计；② 人与人及社会的交互设计；③ 城与乡的交互设计。

　　最后，本书认为城乡一元生命体既包括了在城乡一元生命体聚居空间上的特征，又涵盖了在城乡一元生命体聚居时间上的性质。只有同时把时间及空间这两大范畴纳入城乡一元生命体聚居统一的基础之中，才能真正认识城乡一元生命体聚居模式的基础规律。绿色的、有机的、生命的、文化的第三类聚居——城乡一元生命体，作为人类未来的最佳聚居模式，必然以天人合一的自然生态为母体背景，以健康活力的生命状态为运行机理，以科学持续的生长发展为根本目的，道法自然之天理而又高于原生，师法古人之智慧而又升华适今，依循科学之规律而又扬长避短，真正实现"让万物生灵生活更美好"之聚居愿景。

本书共分为八个部分。第一章是本书研究背景与意义，以及技术路线与研究内容；第二章为对人类社会聚居基本模式三段式划分的概括提出和总体比较，这也是本书立论所在。这一章还对三类聚居进行"正反合"的结论概括与总结。第三章重点论述第一类聚居——天人合一的古代生态型聚居，主要包括公元前和公元后人类典型聚居解析。第四章重点论述第二类聚居——天人相争的近现代工业化聚居，主要包括西方第一、二次工业革命以来的代表性聚居模式解析；中国近现代以来第二类聚居模式的基本状况和特有问题等解析。第五章重点论述第三类聚居——城乡一元生命体，主要包含传统"城乡一体化"理论局限性、未来城乡一元生命体基本内涵、空间文化结构层次等内容。第六章重点论述城乡一元生命体生命机理，主要包含城乡一元生命体内在生命结构系统、外在支持保障系统、运作机理与功能机制分析。第七章重点论述城乡一元生命体设计管理与方法，主要包括城乡一元生命体系统基因图谱、要素提取、设计策略与设计原则；城乡一元生命体系统的模仿（仿生）设计、系统设计、交互设计等方法与原理。本书最后是对主要研究内容尤其创新点进行概括总结，并分析研究局限性与不足，对未来发展做出展望等。

本书创新之处包括以下四个方面：

（1）本书创新性地提出人类聚居的基本形态模式的形成与演化主要源于以下"三力"之相互作用：不仅遵循物理意义上万有引力之普遍规律，而且还有血缘、宗亲、民族等人类学意义上的心理引力以及政治、经济、社会等社会场效应意义上的文化引力之作用。此"三力"相互作用并不断变化的结果，是划分三个人类聚居模式的动力依据。

（2）以全新视角对人类漫长聚居基本特点和总体脉络进行宏观分析与重点梳理。创新性地提出人类社会三类聚居模式：自人类诞生到第一次工业革命前后，为"天人合一"的第一类聚居模式——农耕时代的聚族而居；工业革命前后至今为人类历史上"天人相争"型的第二类聚居模式——工信时代的聚利而居；第三类聚居模式——人类未来最佳聚居模式必须是建立在尊重自然生态系统之上，具备有机的、绿色的、生命的、文化的健康生命机理与特征——人与人为善、人与社会为善、人与环境友善——人文至善的聚善而居的城乡一元生命体。对第二类聚居过程中频发的城市病、乡村殇等深层症结进行归纳；从政治、经济、社会、文化、审美等成因与机制角度，对中国当代聚居形式（重点是城市）的病象、病理、病因、病治等进行剖析，并提出对策。

（3）运用黑格尔"正反合"的逻辑关系原理，基于人类已有的一、二类聚居模式，提出较为系统的未来第三类聚居模式，重点阐述城乡一元生命体的基本内涵、外延、空间文化结构层次等系统内容；提出城乡一元生命体生命机理的四大组织和八大系统，以及内在所对应的生命结构系统、外在支持保障系统等的结构特点与功能运作机制；并认为城乡一元生命体的生命机理在本质上与中国传统文化中金、木、水、火、土五行原理相一致。

（4）以文化为主线，从设计管理与方法角度归纳出城乡一元生命体系统文化设计中的十大设计基因要素提取与管理，十大子系统设计管理构成，六大设计管理原则，五大生命体系统设计管理模块，四大设计层级以及三个主要的设计方法，即模仿（仿生）设计、系统设计、交互设计。对于交互设计，创新性地提出人与自然及工具的交互设计、人与人及社会的交互设计、城与乡的交互设计的具体设计重点和操作手段。创新性地提出城乡一元生命体聚居空间与聚居时间上的辩证关系。

第五节　研究方法和研究设计
（技术路线图）

本书在搜集、鉴别、整理与人类聚居相关的文献基础上，通过对文献的研究，为构建第三类聚居研究提供理论基础和方法支持。本书的文献检索来源主要包括：中国学术期刊全文数据库、Web of Science、ESDO、EBSCO、维普数据库以及网络检索等。本书采取的主要研究方法还有：一是自然地理学与人文地理学的研究方法；二是组织生态学和生命科学的研究方法；三是现代艺术设计学的理论与实践研究方法；四是城市社会学、城市文化学与城市民俗学等研究方法；五是人类学、人种志、生态学等研究方法；六是设计艺术学、设计美学、文化产业学、非物质文化遗产学等研究方法；七是师法自然、师法古人、面向未来等研究方法背后的思想理路。

技术路线如图1-1所示：

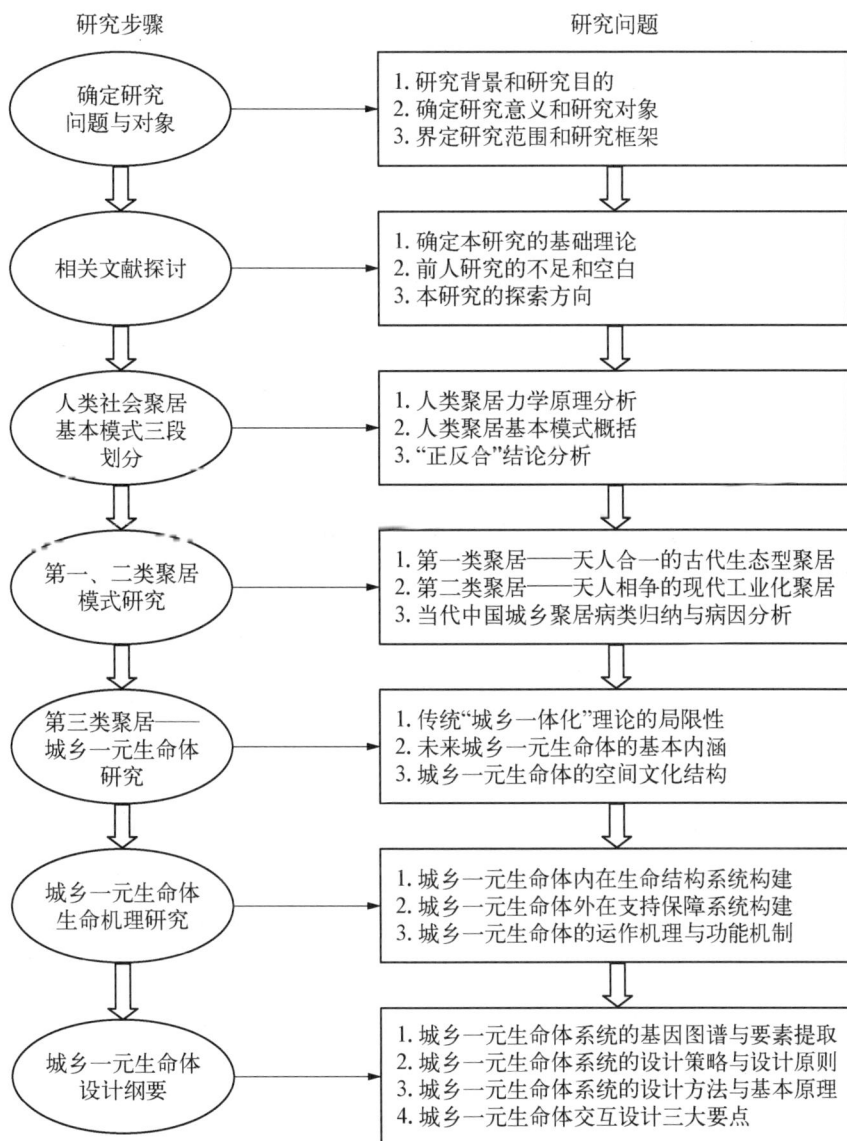

研究步骤

确定研究
问题与对象

相关文献探讨

人类社会聚居
基本模式三段
划分

第一、二类聚居
模式研究

第三类聚居——
城乡一元生命体
研究

城乡一元生命体
生命机理研究

城乡一元生命体
设计纲要

研究问题

1. 研究背景和研究目的
2. 确定研究意义和研究对象
3. 界定研究范围和研究框架

1. 确定本研究的基础理论
2. 前人研究的不足和空白
3. 本研究的探索方向

1. 人类聚居力学原理分析
2. 人类聚居基本模式概括
3. "正反合"结论分析

1. 第一类聚居——天人合一的古代生态型聚居
2. 第二类聚居——天人相争的现代工业化聚居
3. 当代中国城乡聚居病类归纳与病因分析

1. 传统"城乡一体化"理论的局限性
2. 未来城乡一元生命体的基本内涵
3. 城乡一元生命体的空间文化结构

1. 城乡一元生命体内在生命结构系统构建
2. 城乡一元生命体外在支持保障系统构建
3. 城乡一元生命体的运作机理与功能机制

1. 城乡一元生命体系统的基因图谱与要素提取
2. 城乡一元生命体系统的设计策略与设计原则
3. 城乡一元生命体系统的设计方法与基本原理
4. 城乡一元生命体交互设计三大要点

图1-1　技术路线

第二章
人类社会三类聚居模式划分

　　本书认为，人类的聚居首先遵循物理学意义上万有引力的普遍规律。万有引力是人类聚居存在或诞生的原动力，本书称之为第一动力。此力决定了人类聚居必然是自然的有机组成部分，而非独立于自然规律之外；血缘、宗亲、民族等人类学意义上的心理引力或血脉亲力是人类聚居稳定发展的内驱力，本书称之为第二动力，此力是使人类聚居凝聚持续的动力；政治、经济、社会等社会场效应意义上的文化①引力，是人类聚居模式不断变化的客观外驱力，本书称之为第三动力，此力因为发展的时空不平衡性导致人类聚居模式不断变化，只是这种变化或消极或积极。人类的聚居是这"三力"相互作用并不断平衡的结果。古往今来，在此"三力"作用下，从栖树、穴居、村落、城堡、乡镇、城市到都市圈等，人类聚居历史以工业革命为分水岭，基本可概括为第一聚居和第二聚居两种形态或模式，即自人类诞生到第一次工业革命前后的漫长岁月，可以称之为第一类聚居时代，以原始狩猎和农牧方式为主，此漫长阶段的聚居模式是上述第一动力和第二动力起主导作用；从工业革命前后至今可称为人类历史上的第二类聚居时代，以现代工业和后工业性为主要特征，此阶段聚居以上述第三动力为主导，然而由于人类此阶段大文化的发展不平衡或不够成熟，导致此力的作用越来越消极。

　　1687年，牛顿在《自然哲学的数学原理》一书中论述："宇宙间任意

---

① 此处文化是指人类大文化，包括政治、经济、文学艺术、科技等。

两个物体都是相互吸引的……一切天体必须遵循万有引力定律"。万有引力构成了宇宙天体和万物间普适的基本逻辑秩序，也直接或间接地规定了万物内部及彼此之间相对稳定的聚合式存在和聚居性生存关系。

宇宙由微观粒子构成原子、分子，由分子组成物体（人体）、天体，又由天体构成宇宙星系，最后构成一个总的宇宙系统。宇宙万物间存在着密切的联系和共同遵守的进化规则，以及相似的形态变化发展规则。宇宙的存在和演化虽然也会偶尔存在随机性和紊乱性，但在总体上遵循了同一条原则，在进行无限循环运动模式时遵守着自身演化规律、程序、法则，并构成具有聚居模式特点的群组存在体系。

又如无机物聚合存在模式：宏观宇宙天体如日月星辰的绕核心旋转运动，构成具有聚居特点的群组存在体系。此自然规则也必然使人联想到类似的社会法则。《论语·为政》曰："为政以德，譬如北辰，居其所，而众星拱之"。据记载，古人曾看到在北天球上方的北极星周围，围绕着两条由众多恒星组成的"藩"墙，即所谓的"紫微星垣"。紫微垣处于北天之上，是神话传说中的天帝居所，对应的人间的位置就是国之中心——紫宫，紫禁城即得名于此。20世纪60—70年代，美国工程师哈勒斯登（Harleston）对泰奥提华坎古城展开以数学原理为依据的实地勘查，并报告指出，"灵之路"两旁罗列的主要建筑物，彼此之间明显存在着一定的数学关系。各部分尺寸和太阳系本身成一定的、精确的比例关系。

再如动植物聚居生存模式：无论细胞基因、微生菌落还是草原植被、树木森林等，均构成具有聚合或聚居特点的群组存在体系。又如动物聚居生存模式：无论蚂蚁和蜜蜂，还是鸟类、鱼群或灵长类动物，它们的生存模式是具有聚居特点的完整生存体系。

聚居分城市或乡村，宏观上皆遵循第一力——万有引力；微观上源于家庭血缘、宗族聚合、乡风民俗等，皆因血脉之合力；中观上聚居类型转变，如从宗教式转到军事城市、政治城市、经济城市及文化城市等，皆因文化之动力。这三力推动着人类聚居及其演进。根据三种力量作用的强弱和作用的正反，导致人类的聚居呈现三类模式：第一类聚居是原始及自然农耕阶段之生态友好型的天人合一性的健康聚居模式，第二类聚居则是首

次工业革命后不断走向浮世繁华甚至百病缠身的天人相争之异化聚居
模式。

　　未来，人类必将在前两类聚居模式的基础上扬长避短，走向更加美好
的以现代生态、健康生命、持续生长为主要机理特征的第三类聚居，其动
力必然是"三力"的协同作用，尤其第三力要发挥积极作用。以下对此展
开论述。

第一节　第一类聚居——天人合一的
古代生态型聚居

一、第一类聚居萌芽初始阶段

　　人类源于自然，长于自然，因此，人类选择聚居这一生存发展方
式，体现了人与大自然母亲有机依偎与和谐相处的天然原生状态，并
且人类在大自然背景下寻求不断升级、更加科学健康的可持续生存发
展方式。

　　《庄子·盗跖》记载："古者禽兽多而人少，于是皆巢居而避之，昼拾
橡栗，暮栖树上"。[①]讲述的是人类先祖最初在野外"上古穴居而野处"之
情形，以采集和渔猎等为谋生手段。北京周口店、山顶洞穴居遗址研究表
明在旧石器时代早期至山顶洞人生活的旧石器时代晚期，中国原始社会穴
居习俗盛行。在新石器时期，人类逐渐从山地转移到河谷地区开始定居的
农耕生活。随着新的居住形式诞生，生活质量逐渐提高。社会经济的发展
带来家庭结构和生活状态的变革，生活习俗、交往方式、交通工具的变
化，特别是为了生存资源开发的需要，使传统聚居空间形态也发生相应变
化。在这一过程中，人们通过以人工居屋取代天然洞穴的方式实现了由山
地丘陵到河湖阶地平原地带的居住地转移，最大限度地保持了食、住、行

---

　　① 龙厚昕，张博，鲁大伟，等. 淮河流域聚落的起源及环境［J］. 枣庄师专学报，1997，
14（4）：44-47.

的统一，从而快速提高了对河谷、平地资源的开发利用，这进一步影响了人类知识结构和技术使用的历史性转变，尤以人工建筑知识和技术的应用最为显著。

原始农业主要以血缘关系为纽带，促进了"聚"的诞生，形成相对稳定的定居模式。原始社会以氏族部落为基础，房舍、聚会场地等最初都发源于村落环境之中，各种器具进化、民俗文化和社会分化都从这里开始，进一步成就城市的复杂功能结构。世界上最早的广场文化遗址有两处，位于中国西安市临潼区姜寨的早期仰韶文化遗址便是其中之一。临潼姜寨是距今六七千年的原始村落，当时仍处于母系氏族社会，但已具有明显的向心集团式的聚居模式特征。

甲骨文中的"邑"指人居于设有一定保护结构的场地。"邑外谓之郊，郊外谓之牧，牧外谓之野，野外谓之林"，这就是《尔雅》中所清晰表述的"邑"的外层结构。原始部落遗址半坡、姜寨等体现母系氏族社会中"邑"之风貌。考古资料显示，"邑"在空间结构布局方面的特征非常明显：各氏族的"聚"落环绕中心公共活动的广场布列，具有明显向心聚拢的特征。长久性居住基地是由"聚"发展到"邑"而形成的，由此可见中国较早城市的雏形与萌芽。

人类以开发生存资源为目的，以建筑资源及技术开发为途径的聚居模式的不断变革，不仅导致了居住地与居住方式发生本质性的转变，而且引发了人类对知识、经验与技术积累的追求和方向性变化，在较大程度上促进了人类行为特征的改变，推动了文明的进程。北京大学学者俞孔坚认为，原始人类形成生存聚落往往是由于生活质量的提高或为了追求更高水平的生活，逐渐以血缘关系作为聚集条件，共同构造自己氏族的聚落空间。

二、第一类聚居发展成熟阶段

"夫出不足战，入不足守者，治之以市。市者所以给战守也。万乘无千乘之助，必有百乘之市。"城市一词从以上《尉缭子·武议篇》中可以看出端倪，在汉语中，是城与市的结合。这恰好描述了相对成熟的第一类聚居时代的某种成熟特征。《尉缭子·武议篇》还描述到："夫市也者，百货之官也……夫提天下之节制而无百货之官，无谓其能战也"。中国封建社会时期的城镇聚居模式，仍然保有没有脱离政治与军事堡垒的结构功能特征，但满足了人类聚居生活需要的市，即商业的发展与城镇结构在产生的时间和空间上都有着重合与交融。

《清明上河图》（见图2-1）全景展现了北宋最大的一个功能健全、形态丰富、结构成熟的城市模型，从根本上影响了中国古代城市形态、制度、功能上的转变。一体化了的城与市，不再是单纯的王城军事基地，还成为商品交易枢纽，具备一定的社会经济职能，统筹兼备了政治和经济的双重功能结构，由此"城"与"市"之完整意义得以体现。

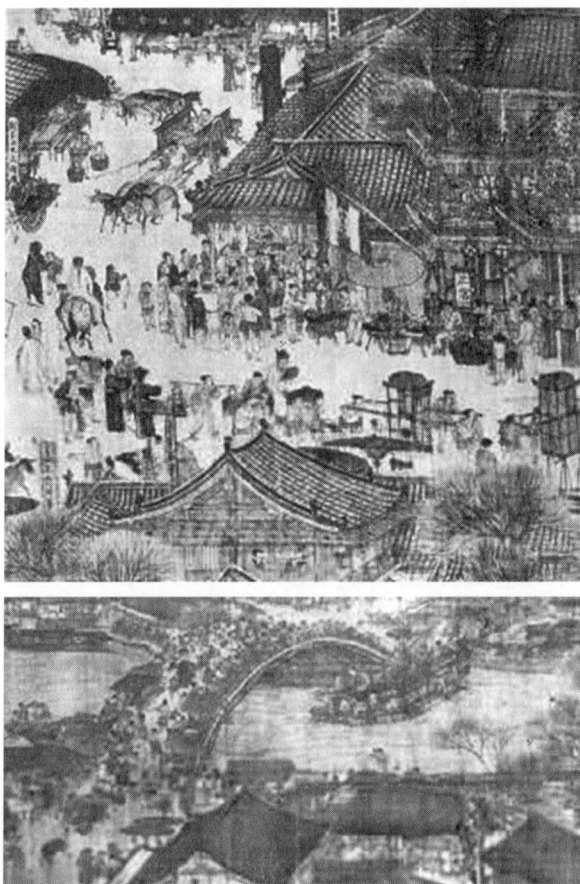

图2-1　《清明上河图》节选

封建社会时期的聚居模式，除了功能、结构、经济等方面的发展，部分地区也因地貌、人为等因素形成一系列独特的乡村居住形式。例如以渔猎为生的巴人，他们在定居后最初的居所是由圆木支架、草料屋顶搭建的，"临水靠坡、下虚上实、依山沿壁"，形成最初的吊脚楼建筑形态。而明显受长江中下游地区民居风格影响的南方天井式民居是由早期峡区筑台式建筑发展而来的。秭归新滩古民居建筑群和巫山大昌古镇建筑群是其中代表。

北京城中保留了元朝大都的很多风貌建筑，例如四合院建筑群。"大都街制，自南以至于北谓之经，自东至西谓之纬。大街二十四步阔，三百八十四火巷，二十九街通。"这是元末熊梦祥《析津志》对元代统治者大规模规划建造都城尤其是四合院居住群的描写。四合院院落宽朗，四面房屋相互独立，游廊彼此接连，起居便捷；封闭式的结构保障了私密；四面房门均敞向院落，院落中布置绿化景观。其建造结构反映出中国古代的建筑环境学，亦是中国传统建筑理论中的风水精华思想。

福建土楼，包括闽南土楼和一部分客家土楼，总数为三千余座。主要散布在福建西南山区，福建、江西、广东三省交界地带的山水之间。土楼结构形制，蕴含中国传统伦理观念及风水意识。土楼风格继承发展了华夏民居建筑的人文精神和造型艺术传统，承载了客家人文传统与历史胎记。

三、第一类聚居基本特点

古代聚居尤其古城选址非常讲究，大都依山傍水，向阳聚气，依势随形，追求人工与自然的协调、桃源居画中游之天人合一的梦境。例如具有2 000多年历史的史前文化——龙山文化的发祥地泉城济南，依山傍湖，选址巧妙天成，百泉如珍珠撒落更是其独特景观。

第一类聚居尽管在物质水平上是相对落后的，但在生态、文化上是进步的，与自然生态天人合一，天然和谐。具体分析总结，第一类聚居聚落分布分为以下三阶段，并具有六大优点与两大缺点。

三大聚居阶段：① 原始初发阶段，敬天重地畏神灵（对自然生态神秘力量的敬畏崇拜）；② 漫长发展阶段，重人文与人仁（西方人本理念与东方儒家传统思想）；③ 后期阶段，重文化（正统文化、乡绅文化、民俗文化等）。

六大聚居特点：① 水——人类初始阶段的聚居选址大多为靠近水源的开阔边缘地带上，水源充沛，生活与耕作用水方便，视野辽阔便于庇护，且聚居附近河流交汇，乃通衢之地。② 火——从原始钻木取火到掌握火候，美食烹饪与陶冶铸炼技艺精湛。③ 土——聚居地多处河流阶地之上，河流泥沙富含养分，利于滋养土壤，物产丰富，且能避免受洪水侵袭；埋藏着从山岩丘陵到河谷盆地，再到平原的踪迹。④ 木——森林植被繁茂，植物果实与木材原料充足；若依山而居，阳坡往往是最优选择；⑤ 金——无论新旧石器，还是青铜或是铁器，都能适时而生，广泛应用。⑥ 文（纹）——注重营造精神文化环境，使其与自然生态浑然天成，追求聚居环境的和谐美好。水火土金木融会贯通、综合应用，产生了从文身、土陶、瓷器到聚居建筑乃至天文地理、人文历史等灿烂文化。

但第一类聚居的缺点为：一是原始生产力水平低下导致的物质文明发展相对落后于精神文明发展，二是科学技术发展相对落后于原始人文思想的发展。因此，第一类聚居只能成为人类聚居史上不必复制的初级阶段。

第二节　第二类聚居——天人相争的近现代工业化聚居

工业革命是人类社会发展的分水岭，生产力的发展促进了生产关系的变革，推动了近代城市的兴起。随着工业革命纵深发展，城市化的进程逐步加快。城市公共事业的发展也吸引了不少人来城市定居。两次工业革命极大解放了人类生产力，改变了人类的生产关系，还迅猛推动了城市工业化进程。但市场经济主导的工业化对城市化产生越来越多的消极影响，并影响至今。

一、第二类聚居国际基本问题

首先，大工业城市由于集约化生产效应而导致人口过于集中，从而引起人口恶性膨胀，土地划分和房屋建设处于无政府状态，造成城市内部聚居混乱，城市轮廓无序扩张。其次，住宅问题严重，虽然资本家工厂主大量建造房屋，但他们的根本目的是牟取暴利，广大贫民仍只能居住在简陋的贫民窟里。最为严重的问题是工厂烟雾以及废弃物对河流和土地构成极其严重的污染。关于 19 世纪中期的城市，《英国议会文件集》中这样描述道，最肮脏的城市，空气中弥漫着硫化氢、工业灰尘，人们呼吸着肮脏的气体。这些现象带来的后果是城市污染严重，生活环境恶劣，传染病肆虐，城市人口流失，这些问题严重阻碍了城市化进程。

二、第二类聚居中国特有问题

进入 20 世纪后，尤其是改革开放阶段的中国社会开始实施以经济建设为中心的发展政策。在此政策的推动下，我国城市化进程进入高速发展的快车道。

随着城市化进程推进，人们的聚居环境日益严峻，自然生态关系失调，恩格斯在《英国工人阶级状况》一义中所描述的西方工业化城市相关弊病在中国流行。目前中国城市病表现大致概括为以下十个方面：一是强搬民粹而弄巧成拙；二是粗制滥造导致安全隐患；三是急功近利、割裂历史、违背民意；四是背叛日常化生活而进入图像化陷阱；五是城市硬件数量与软件质量脱节；六是朝令夕改，造成巨大浪费；七是恶俗低级影响文化安全；八是盲目改名、抛弃文化遗产；九是政绩冲动而遗留烂尾工程；十是技术短视，安全事故频发。据 2012 年 6 月 12 日《齐鲁晚报》报道，济南珍池街上的珍池不但泉水几近干涸，而且满池垃圾、臭气熏天（见图 2-2）。

与此同时，中国城乡还存在着自身的独特病症：城乡二元经济社会结构简单地从制度层面向城市与农村进行一系列的分割，使城乡间成为相互独立的运作单元。由于各类资源的相对固化，造成了城乡间在基础设施建设、医疗卫生水平、教育人才培养、社会福利实现等多方面的差距，人们高度聚居而非高质宜居。城乡二元结构发展模式，最终导致我国城市化水平严重滞后于经济发展水平和工业化水平，城市化必然异化。

图 2－2　污染严重的济南珍池

在城市聚居区域的规划设计领域，则存在着单纯重视城市规划中土木工程类等显性内容的倾向，主要表现在重视土地空间、建筑物或建设项目的硬件、形体、构图、区划、方式、手法、高度、密度、容积率等方面的内容，忽视城市设计的整体考量以及人文、环境等隐性或后续动态要素。

在广大乡镇聚居区的新农村建设过程中，乡村空心化、农民被迫上楼、强拆强占、乡愁无寄、乡村消失。早在 2002 年 3 月 5 日《光明日报》的报道中，全国政协常委冯骥才就疾呼："每一分钟，都有文化遗产在消失。再不保护，五千年历史文明古国就无所保留了，如果我们再不行动，我们怎么面对我们的子孙？"中国的众多古村落近年来全部沦陷了。

第三节　第三类聚居——城乡一元生命体

一、前两类聚居模式特征总结

第一类聚居模式毕竟是人类原始阶段的模式，虽然与当时当地的人类社会和自然生态相适应，但已经不适合人类社会和现今时代发展（人多地少）。因此不能僵化地照抄照搬此阶段的聚居模式，如四合院的占地，尽管可以汲取其天人合一的思想和人性人本的光辉理念。

自18世纪开始的城市化聚居模式，是以资源为本的天人相争模式，以追逐经济利润为根本目的，以剥削工人、大众的利益为财富聚敛方式，其结果是让人类与自然割裂对立，城市与乡村割裂对立，科技与文化割裂对立，人与自我、富人与穷人等二元对立。天人相争，天怒人怨，城市百病缠身，乡村如被榨干乳汁的母亲。人有善念，天必从之；人有恶行，天必惩之。人类聚居自工业革命以来遇到空前危机，因此近现代人类聚居该往何处去，已经成为关乎人类未来发展命运的严峻课题。

究竟如何扬弃第一、第二类人类聚居模式之优缺，不再违背科学规律地盲目追求粗放发展的经济效益，不再对物质和非物质文化遗产聚居文脉进行破坏毁灭，使人类重建天人合一又高度发达的文明，并且实现可持续健康发展呢？正如习近平在2013年12月召开的中央城镇化工作会议中提出的"让城市融入大自然，让居民望得见山、看得见水、记得住乡愁"，深刻分析总结人类历史上两类聚居模式的经验教训，积极探索中国传统天人合一的哲学思想中"天地人三才说"所包含的空间与时间的高度统一，由空间的"天地交"而导致的时间中的"万物生"，通过优化生态空间和天地人秩序最终达到万物生命的和谐相处，重建人类聚居与自然生态的融合，与历史文化的融合，天人合一，阴阳相生，充满生命活力的聚居新模式，基于此，本书提出下面人类第三类聚居模式——城乡一元生命体（见图2-3）。

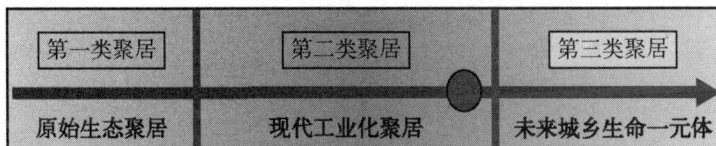

图2-3　人类聚居模式发展趋势

二、第三类聚居模式——未来城乡一元生命体

作为人类聚居的主要构成形式，城市与乡村本身也是宏观的社会、经济、文化结构中不同的组成部分，二者是同源共生关系，不可分割独立。

第一类聚居模式虽然美好，但毕竟是初级阶段的原始之美，不适合现今人类社会和今后时代发展（人多地少）的需要，以现代工业城市为主要特征的第二类聚居模式天人相争，高熵高碳，百病缠身。市场经济的纯利益导向，文化价值观的漠视和缺失，人类精神和审美的异化是其病因。

基于此，本书基于组织生态学、生命科学、系统科学、城市文化、设计艺术等理论视角，遵循"绿色的、有机的、生命的"聚居原则，聚焦生态、生命、生长，将人类未来最佳聚居模式视为一个在生态系统基础上有机统一、健康成长的一元生命体系统，提出既要承继古代天人和谐，又要克服现代城乡聚居诸多弊病，满足未来社会发展的第三种聚居模式——城乡一元生命体。

城乡一元生命体具有生命的有机特性，其生命类型可归纳为从背景系统到自身原生再到未来衍生，这三大类生命类型子系统形成一个完整的结构功能主义理论意义上的聚居生命系统。背景系统类——生态学意义上一元生命体主体本身就是一个有机的生命系统，而非简单的机器产品系统，更非僵化的物质建筑空间的复合叠加；自身原生类——生物意义上的包括客体聚居在此的人类和相关动植物所形成的一个生命系统，他（它）们不是彼此水火难容、相互割裂、排斥分居，而是和谐友好地聚居，共同形成一个有机生物圈生命体系统；未来衍生类——基于信息化智能构建的智慧生命体，基于互联网、物联网、云计算的未来人工智能生命系统，是一个巨大的人类聚居智能机器人系统。城乡一元生命体在时间上遵循从诞生、发展到衰退（自始至终）的一个生命规律；在空间上，与生理意义上的生命体之系统、组织、器官、细胞分别对应，包括生命结构内在体征系统、外在保障系统，以及城乡一元生命体形成机理等内容，并通过模仿（仿生）设计、系统设计、交互设计等手段来实现其功能和作用。其基本内涵应包括生态系统的有机构成（自然环境、一元体、人、系统）、城乡合一的辩证统一（城乡扬优弃缺，有机交互融合）、生命体征的具体体现（大脑、中枢神经、生命的体征与机理）。其基本机理详述如下：

1. 城乡一元生命体生命结构内在体征系统

"生命"是自然的造化与有机构成。"生命体"则是指一切具有稳定的物质形态和能量代谢现象而拥有生命活性的独立个体。而最复杂的生命体形式莫过于"人体"本身,"人"既具有有形实质,又具有"思想"这种无形生命体征,同时受到社会、文化、意识形态、价值观等多方面的影响,是一个神奇而富有活力的个体。城市与农村也可被视为一个具有稳定物质形态和能量代谢现象的生命体,与人体类似,它也由不同的细胞体构成,而不同的细胞形成了组织与器官,具有生命的体征与活力。

众所周知,人体内在体征由四大组织和八大系统构成,笔者认为,城乡一元生命体内在结构也是由不同的组织和系统构成,与人体内在体征系统可以实现——对应。

2. 城乡一元生命体外在支持保障系统

城乡一元生命体的运转需要外在保障系统支持。笔者将从微观、中观和宏观三个层面分析城乡一元生命体的外在支持系统。

(1)外在微观支持保障系统。"人"是城乡一元生命体中的主体,也可以被视为城乡一元生命体中的微观核心部分。由于"人"本身就有主观能动性,因此在认识和改造客观世界中起到主体作用。城乡二元结构中凸显重重矛盾的原因之一便是没有协调好"人"本身的生存发展问题,许多经济问题和社会问题的实质是忽视了对"人"本身生存发展的保障和天赋人权价值观的支持。因此在构建城乡一元生命体系统中,应该重视对微观支持保障系统的建设与规划。外在微观支持保障系统,可以简要地用"吃""穿""住""行""学""工""休""排"八字概括。

(2)外在中观支持保障系统。外在微观支持保障系统是以保障"人"的生存发展为根本出发点,而中观层面的对城乡一元生命体的支持与保障则是以产业布局、制度安排等经济建设为核心的。从静态角度来看,产业布局是指不同产业各要素、各部门的空间分布和组合情况;从动态角度来看,产业布局是各种产业资源在空间中的流动与重组。产业布局是影响产业和区域竞争力的重要因素,决定着产业结构和产业发展。

(3)外在宏观支持保障系统。借鉴结构功能主义理论,从系统论视角出发,可以将城乡一元生命体中的聚居区域、居民旅客视为不同的子系统而放入自然、社会、经济、文化所支撑的宏观系统环境中,进行哲学意义上的结构调适。东方哲学思想推崇"天人合一"理念，认为天时、地利、人和是万物运行之根本，笔者认为，城乡一元生命体系统的外在支持保障系统从宏观层面来看，也可以视为"天时、地利、人和"三部分的整合作业。

3. 城乡一元生命体机理分析

（1）城乡一元生命体机理的组织结构系统。空间硬件（物体）结构集合组织：① 空间设施（静态）结构集合组织，即硬件1——公共设施类物质硬件系统；② 机动产品（动态）运行联动组织，即硬件2——交通移动型物质硬件系统。

有机体系生命运行组织：湿件（生命人体）——聚居者、治理服务者等之间的互动、关联、网络、组织等形成的人因系统。

精神文化系统设计组织：软件1——城市文化风格与品牌形象（如京派文化、海派文化等）；软件2——虚拟性数码信息、智慧城市科技之"智"与文化之"慧"；软件3——非物质传承文化、聚居地基因图谱、记忆乡愁的年轮和胎记等；软件4——社会记忆时间保持系统，即聚居地文脉保持传承之情感化设计机制与法制保障系统。

（2）城乡一元生命体的机理分析（运行机制）。生命体自运行机制（自然生态基础上的生命及生命联合体的原动力、内驱力）：生命化生态城乡体。

科学技术引领机制（现代科技文明基础上的生产力之推动力、牵引力）：信息化智慧城乡体。

文化治理辅助机制（人文基础上的生产关系之作用力和牵引力：政府、社会、个体齐抓共治以充分发挥文化艺术活动的作用及功能，有类似防火墙、缓冲带、隔离带及净化器等作用）：审美化文化体城乡。

总之，人是生命的高级形式，是城乡生命体系的组成部分及这种宏观生命形式的体验者和体现者，是生命体系的真正深度4维（3维加时间维度）和零距离沉浸式深度交互的有机构成主体。城乡一元体设计是一个历史的动态过程，是所有设计中时间维度最长的，几乎伴随整个人类的城乡一元生命聚居体系的始终。同时又是一个绿色的、有机的生命构成系统，其一元生命体构成系统包括以下 4 个层次关系：① 城乡生态环境层（外圈，初级，背景，以原生态第一自然特征体现为主）；② 建筑景观空间层（2 圈，2 级，骨架，以固定形态第二自然设计为主）；③ 公共生活产品层（3 圈，3 级，介质，以移动媒体和工具系统为主，包括现实与虚拟）；④ 人类生命运动层（核心，4 级，主体，以生物生态特征为主）。

第三章

第一类聚居——天人合一的
古代生态型聚居

任何事物都有自己的存在方式，其存在方式包括两种含义。

第一，存在论的角度，事物的存在方式是对其本质的表现，揭示事物外部的一般形态和特点。

第二，生存论的角度，事物的存在方式由其生成活动、生成状态、生成过程等构成，揭示物质运动的特殊性。

因此，存在方式描述的是事物生成和存在的完整状态，揭示事物本身是一种生成过程和存在过程的统一。

大自然中任何存在或生存的事物，都有其存在或生存的内部情态特征和外部结构状态。宏观宇宙天体如日月星辰：各自绕某一中心以一定的速率旋转运动，构成具有聚居特点的群组存在体系。微观粒子如分子、原子：绕核心旋转运动，构成具有聚居特点的群组存在体系。

植物聚居生存模式：

细胞基因，构成具有聚居特点的群组存在体系。

微生菌落，构成具有聚居特点的群组存在体系。

草原植被，形成具有聚居特点的群组存在体系。

树木森林，形成具有聚居特点的群组存在体系。

动物聚居生存模式：

蚂蚁社会，构成具有聚居特点的群组存在体系。

蜜蜂巢穴，构成具有聚居特点的群组存在体系。

鸟类鱼群，构成具有聚居特点的群组存在体系。

灵长家族，构成具有聚居特点的群组存在体系。

其中蚂蚁在群居昆虫中具有明显的聚居特征。通常，蚂蚁家族聚居在等级秩序化、相互协作化、分工精细化的大小不一的蚂蚁城邦里。这一点和人类的文明最为接近。麻雀、鹦鹉（非洲的）等，因为容易受到猛禽的伤害所以选择群居；大天鹅，雪雁等，因为经常要迁徙也比较喜欢群居；企鹅，海鹦，火烈鸟等，也是群居的动物，因为群居有利于它们协同捕猎。各类具有聚居特征的动植物，虽然有各自不同的生活形态与聚居特色，但它们共生共荣，共同构成一个更加和谐和充满生机的生态系统。

科学观测证实宇宙的存在和演化尽管存在暂时或偶然的紊乱和随机性，但总体上是一个不断遵从着组合—分离—再组合—再分离的规律性运动的有序系统，并构成具有聚居特点的群组存在体系。物以类聚，人以群分。抱团取暖、共御外敌……

通过观察大自然万物的存在方式，发现大到星系，小到微观粒子，以及动植物界的群组存在体系，均有天然聚居性与合理秩序感，本身又成为所在自然圈或链上的和谐一环。它们在没有任何监督下，也可以形成一个团结合作的队伍；并且，迅速地依照环境的变动，调整方案，找到解决问题的方法。此所谓"群集智能"（swarm intelligence）。从生物意义上讲，人类是自然的一员，生态链上的一环，因此其聚居模式自然也是大自然系统生态圈上的一个有机生命系统组成部分。在现实生活中，可以把这种智慧运用到工厂日程安排、城市规划、人员协调，甚至策略制定上。

第一节　存在、生存与聚居

大自然自有其天然的发展规律和模式。人原本是自然生态链中的重要一环，也必然从根本上遵循着自然发展的基本规律，人区别于动物的重要标志是人类具有创新思维与自我意识。人类早在初始形成的阶段，就学会了借助外力——使用工具。人类不仅能够适应生存环境，更可以根据自身生存发展需求来努力改造环境，这一点正是人类所特有的自我意识的能动性。

一、人类生存方式的三大特性

对象性、主体性、意向性是人类生存方式具有的三个明显特性。由于人类存在的特殊性表现在：第一，人类不同于一般无机存在物而是有生命的存在物，第二，人类生来具有自我意识。因此，在探讨人类生存方式时，应对其概念有特殊的规定。

所谓人类生存方式的对象性，是指人类的自身活动具有对象性，因此其生命活动的过程就是一个对象化的过程。正如马克思所说，人不仅像在意识中那样理智地复现自己，而且能动地、现实地复现自己，从而在他所创造的世界中直观自身。

所谓人类生存方式的主体性，是指人的活动具有能动性，主体是人体本身，人的生命活动也可以是人的意识对象之一。实际上，主体性是人具有自我意识的前提，因为自我意识形成的前提是具有自我，对象存在的衡量标准为是否有自我存在，如果没有自我也就没有什么对象可言。

所谓人类生存方式的意向性，是指人类在生存活动中带有自发目的，因此，人类的生存活动是有目的性和自觉性的。具有目的性的活动也是具有一定意义的，所以人类的生存方式就是生存活动的意义性所在。

人类生存方式，从存在论的角度来看，是人的本质力量的外化，也就是人类本质的现实化和对象化，这一点体现在生存方式的对象性特征；人类的生存方式主要包括在自然界中的实践性活动、社会实践性活动以及在精神世界中的实践性活动这三种类型，这些实践性活动体现出人类生存方式的对象性和主体性的统一，以及以此为基础的意向性的形成。

二、聚居与聚居环境设计

具有创新智慧的人类在自然演变和社会发展过程中改变了或推进了第

一自然的原有发展规律或轨迹，形成了人类诞生以来的不间断的文明进程，开启了所谓人工意义上的第二自然乃至未来第三自然。"居"，对于人类早已不成问题。然而，人类对于"聚"的认识并不深刻，仍有大量问题待解决，也有很多规律待寻找解决。其中，众所周知的生存环境问题和"以人为本"的价值原则缺失问题亟待解决，包括外向型开敞空间环境的保护、拓展问题和如何解决人口爆炸、需求多元的人类空间活动等问题。

按照我们以往的设计观念，人类更加在意的是建筑的实体部分。在古代社会，因为人口稀少等原因，人类对环境和资源的消耗相对较小，所以古代社会的建筑规模不大。但是在今天，现代建筑面临着诸多环境问题，怎样满足越来越大的人口数量以及人类不断扩增的生活需求，已经超出了传统的建筑学概念、建筑思考等方面的范围，我们不能局限于铺路架桥，植树造林，营造人工的绿地环境，还必须考虑如何保护生态环境并与之和谐相处，思考由于人口不断增加所引起的建筑空间、材料以及能源的消耗。

当代建筑设计界通常是由三个方面所构成的——建设、环境以及行为。这三者也是人类聚居环境学所要表达的基本思想。正如色彩构成中的红黄蓝三原色，建筑设计界的这三个领域，也相对应地构成了缤纷多彩的世界建筑设计成果。在我们身处的社会大环境中，蓝色代表了人类聚居背景的颜色，关系到所有人类生存所需的要素，包括生态、环境、资源等诸多基础必备要素；色彩构成中的红色则代表了人类聚居环境的主题色，它不仅关系到城市、建筑、景观等常规元素，也由人类基本的生存要素所决定；在人类生存空间建筑中，黄色代表了与人类聚居环境联系最为紧密的建筑、城市、景观的建设。建设、环境、行为三者相互作用，构成了人类聚居环境共同的整体轮廓架构和色彩调性。

第二节 公元前人类典型聚居模式解析

公元前新石器时代，城市的出现代表着人类聚居意识趋向成熟化，这个时期人们已经开始自主性地选择生存环境和自然条件，选择定居点，并开始进入静态城市聚居阶段，在此阶段，城市的人口、经济以及消费水平等基础方面都发展得很缓慢，当时生产力水平低下，人类活动对环境影响微弱，因此人与自然的关系较为缓和，自然环境尚能包容人类的索取和破坏。

一、旧石器时期：洞穴居址出现

原始社会时期，人类生存模式简单，以采集和渔猎为主要谋生手段。人类为了寻找新的生存资源和环境而不断迁徙，在迁徙过程中或是席地而眠，或是筑巢于树以居，或是栖身于各类天然洞穴之中。

以洞穴作为居住形式的选定，在最初也许是人们无意识的选择，但究其根本，它实际是人类长期经验积累的结果，也是大自然赐给早期人类最重要的礼物。

在石器时代，天然洞穴长期占据了人类聚居主导地位，直至新石器时代晚期人工建筑频繁涌现。与穴居几乎同时发生的是，人类为了提高生活质量，寻求更丰富的生存资源开发区域，便会随着季节的变化而露营于河湖附近的阶地，利用附近岩棚或搭建简易窝棚以便临时居住。我国旧石器时代中期的丁村文化遗址各地点就主要分布在晋中汾河两岸的阶地上，古大同湖畔的许家窑文化遗址中还发现有部分用火遗迹[1]。在国外，同时期的遗址也证明人类的生存模式在发生转变，如在法国南部尼斯市的德拉·阿马塔遗址于1966年经考古发现其屋内炉灶清晰可辨[2]，说明人类已经开始使用炉灶取暖做饭。欧洲洞穴中也发现有一些类似帐篷和茅舍的壁画。历史研究证明，冬季人类常聚居于天然洞穴或岩棚之中，而夏季通常居住在帐篷式的人工建筑中[3]。

旧石器时代晚期，随着生产力的进步，氏族公社产生，逐渐形成了一个个比较稳定的血缘集团，因共同聚居形成了一定的聚落空间，并在氏族

---

① 贾兰坡，卫奇. 阳高许家窑旧石器时代文化遗址 [J]. 考古学报，1976 (2)：97－114.
② 八幡一郎. 世界考古学事典（下）[M]. 日本：平凡社，1979：1477.
③ 考古学编辑委员会. 中国大百科全书·考古学 [M]. 北京：中国大百科全书出版社，1986：299.

中逐渐形成权力中心。而且随着语言在人类集团内部有了长足发展，人们的日常生活中逐渐出现了某些禁忌和规范。

二、新石器时期：原始聚落发展

伴随着人类社会从旧石器时代跨入新石器时代，人类日常获取生活资料的生产、生活模式也逐渐以农耕和饲养为主。但是原始农业阶段发展还不够成熟发达，"流浪式农业"种植方式使人们居无定所。后来人们通过提高土地管理和耕作水平来促使土地的重复性使用，即"轮作式农业"。与传统狩猎模式相比，农耕的操作、工具要复杂得多，建造长期稳定的住所更符合人们此时的切实需求。

（一）原始聚落的形成过程

中石器时代是石器时代人类生存聚落飞速发展的阶段。该时期的聚落主要分为前、后两段。前段是指距今 7 000 年～6 000 年的历史时期，以华北仰韶文化早期的陕西临潼姜寨遗址的聚落最具代表性，主要居所是较浅的地穴或是地面较矮的建筑，以木为骨架，覆以草泥做成墙壁和屋顶，用来支撑和保温。后段（距今 6 000 年～5 000 年）部分遗址中出现了套间形式的房址、井址。木工与建筑技术的进步促使更多的人工建筑涌现，居住形式的革命性变化也影响了人们家庭观念的转变，社会群体中的每个家庭可能都拥有了相对独立且较为固定的活动空间，进一步提高了家庭单位在各类社会活动中的作用和地位。随着社会的不断发展，聚落不仅仅具有传统的祭祀、管理、军事防护等功能，更多的是随着人们自发地对聚落功能进行重新整合与分工，而从属于中心性聚落，人类生活等级分层开始出现。

新石器时期，尚未形成专门化的集市，人们大多以氏族部落聚居为主。在母系氏族公社早、中期首次出现了图腾崇拜，随着人类生产从采集、狩猎向农业、畜牧业方向转变时，代表农业和丰收的神成为人们膜拜的对象，此时期，与农业相关的种种宗教仪式如祭天仪式、求雨仪式、庆丰仪式、出征仪式等被严格遵循。

与此同时，用于举行宗教活动的场所也逐渐在氏族内确定，不同含义的祭礼形式和地点成为人类生活信仰的一部分。研究发现，众多祭司台、神庙或洞穴内的图腾遗迹，大多是来自人类内心对生命、对自然的敬畏，城市广场起源于古代人类庆典和祭司的集体活动，它凝聚和寄托着公众对于生命和自然的信仰、希望，同时也让古代人类从狭小的私人空间局限内走出来，很大程度上扩大了人类公共的活动空间和生存时间，为人们提供了更广阔自由的交流和休憩场所。广场是人类发展到一定阶段时对于空间的划分和利用，是"聚居"公共性、社会性的又一显著特征。它的出现必须满足两个条件：一是要有一个一定数量个体按照相对稳定关系构成的"类群"；二是"类群"需要居住并且长期居住。中国西安临潼区姜寨的早期仰韶文化遗址以及乌克兰基辅特里波耶村落遗址是目前发现的世界上最古老的两处广场遗址。再有西安半坡、宝鸡北首岭等仰韶文化早中期的考古遗址，也存在这种向心式的"聚落广场"形态。其共同点是村落的住房门户均是开向群体中心广场。这充分说明了中心广场在整个村落处于核心地位。这种综合性功能极强的中心广场应该是以后城市广场的原始萌芽。

（二）原始聚落设计及人文价值——以古希腊和古罗马时期为例

公元前5世纪至公元前4世纪，古希腊人建造的圣地建筑群——雅典卫城和巴特农神庙整体造型上符合黄金比例分割，形态优美。此成为欧洲文明的原始坐标和恒久灯塔。

希腊的古典文化价值不仅体现在艺术形态上，更支撑了后来欧洲的人文精神和科学精神复兴，并从根本上影响了当今西方社会民主意识精神、基本政体框架形式。正如英国戏剧学家威彻利所指出的："广场甚至以压倒卫城的优势迅速发展，直至最后变成希腊城市中最重要的、最富活力的中心。"[1] 其文化城市和城市文化的神圣光芒照耀千秋，彪炳史册。

古希腊在重视聚居地硬件建设的同时，又非常重视社会道德生活和人的个体修养，将其视为整个宇宙的有机组成部分。柏拉图撰写的《理想

---

[1]　张京祥. 西方城市规划思想史 [M]. 南京：东南大学出版社，2005：10.

国》强调绝对的理性和强制的秩序，对希腊后期城市规划设计产生巨大影响。苏格拉底说："就人生幸福而言，没有什么能比城邦和城市生活自然发展更好的了"。亚里士多德认为理想的城邦大小适宜，并应是财产私有公用、贫富均等、民主法治的美好社会，这与我们今天的共享经济、共享设计、绿色低碳循环、民主法治等理念不谋而合。

古罗马时期，伊壁鸠鲁的快乐主义观念以及后来不断演变成功利非理性的伦理思想，随着社会物质财富的丰富和人们享乐心理的不断膨胀而产生，罗马城邦上下走向了穷奢极欲的短暂享乐狂欢中。但是古罗马城市的规划设计思想、艺术成就与贡献不容置疑，如实用主义和秩序思想，维特鲁威《建筑十书》中所强调的理想城市包括形式美比值关系以及防御的功能需求、宜人原则等，对文艺复兴时期乃至现今的聚居规划思想都产生深远的影响。

第三节　公元后人类典型聚居解析

从游牧游耕走向稳定农耕，农业成为生产主导形式，物质交换与非物质信息交流促成丰富交易市场的诞生。至此，城市与乡村开始产生。城市与乡村同时出现，均是人类聚居地在不同空间上不同形式、不同功能的体现，而聚落居民住宅条件的好坏，因时因人而异。在中国历史上作为人类居住形态之一的聚落在先秦时期形成和发展。

一、乡、村

西欧中世纪文明是以乡村为代表的。彼时欧洲的生活模式是乡村生活的延续，城市生活概念渐渐模糊直至退出世纪舞台。尤其是罗马城市的解体成为西欧新的生活模式开始的标志。在古老的德国，美丽的莱茵河沿岸，在那些我们所熟悉或不熟悉的西欧小镇，城市已然褪去了华丽的光环，取而代之的是恬静淡然、勃勃生机的乡村生活。在南部地中海周围虽然存在一些古罗马城市，但是这些城市的生活与乡村几乎难以区分。此外，中世纪的乡村建筑也别具特色，带有那个时代独有的韵味，有以石头搭建的石屋；有以竹子修成的具有中国江南水乡之感的浪漫小屋；在当时西欧，土木结构的茅屋是最主要的建筑群，但是这样的茅屋有一个缺点就是需要反复修葺，搭建茅屋多了的地域就构成了当时的村庄。西欧封建社会时期，统治着这类村庄的领导者就是当时的领主，领主一般领导着一个或多个村庄，这就是早期庄园的形成过程。后期随着拓荒者的开垦，原先森林覆盖率高的国家和地区逐渐涌现一批批新建的城市和乡村。

在中国，同时期的农村市场有两种类型。第一种类型是市镇，有两大功能：首先是满足村庄居民对最基本的生活生产资料的需求，其次用于商品的交换和购买，这种"保障供给"的经济功能就是农村市镇最原始的经济功能。第二种类型是商品集散市场，既具有满足农民自给自足的经济功能，又具有满足商贩物贸集散的经济功能，其产生的原因是，随着地区分工的发展，重要农产品和手工业产品往往形成不同规模的集中产区，地区间的贸易交流加深。

封建社会时期的乡村除了功能、结构、经济等方面的发展，部分地区也因地貌等因素形成一系列独特的村居形式。例如南方多数民居采取的是天井式建筑空间，其中最具代表性的是秭归新滩古民居建筑群和巫山大昌古镇建筑群。而在北方，则以北京典型的四合院为代表，它们均布置成内庭式，传达了一种遵守礼节和规矩之感。

同时期的中西方乡村建设也是有所差异的，尤其是城市建设与乡村之间的关系。西欧封建城市与乡村之间构成二元化的结构模式，其选址主要依其市场需求而决定，这类城市数量比重最大，与农村形成较为紧密的关系，亦是农产品与手工业品交换的主要场所。在经济关系上，这类城市与乡村既互相渗透、共存共生，有时又相互排斥。然而，中国封建社会城市与农村的联系相对而言更加自然，但又没有形成共同发展的有机结合，农村主要作为城市物质供给的来源，城市中的士绅聚富而居。中国封建社会的城市较于乡村长期处于统治地位，城市扮演着维护中国传统封建统治秩序的角色。此外，在中国封建社会后期统治者为了加强统治，从控制乡村居民的思想着手，通过建立一种血缘关系的组织进行思想的控制。

二、城、堡（军事城市）

伴随金属工具的使用而来的是人类对生活模式要求的提高，尤其是居住水平、经济的分化导致城乡区别发展的出现。

东方，中国封建社会城市形成于西周，兴起于东周，大致经历了两大发展阶段：第一阶段，从战国到南北朝时期，此阶段政治是建立城市的主要导向因素，因此当国家政权稳定时，城市快速稳定发展，当国内政治动乱不安时，城市发展趋势不稳定。第二阶段，即从隋唐至清末时期。隋唐时期，相对政通人和，运河连城为线，南北密切往来，扬州闻名中外。陆上和海上丝绸之路空前繁荣。明清两代，城市发展的速度进一步加快，同时，明清时期社会状态相对稳定统一，国内外交通的发展及其各地的联系进一步加强，乡村中大量人口向城市流动，当时诸多因素共同推动了中国城市的发展。

西方，封建社会城市于 11 世纪前后才逐渐兴起。虽然中世纪的意识形态是黑暗的，但这一时期的人类聚居模式尤其城市规划设计"无规划"与"自然主义"理念在西方城市艺术史中占有重要地位。如 L. 贝纳沃罗在《世界城市史》一书中写道："（它）将一定的体系引入大自然，其结果是使自然和几何学之间的差距越来越小，直到最后完全消失。"因此，中世纪城市具有和谐和统一的几何式美学特征，被人们称为"如画的城镇（Picturesque Town）"。手工业随着农业生产力的提高也进一步发展，并在手工业生产专门化的要求下，与农业分离，进而变成了独立的生产部门。之后农业出现了剩余产品以及手工业与农业的分离这两大动力都促使商业活动逐渐活跃起来，经济活动的频繁相应带动了经济的发展。至此，西方封建社会真正意义上的城市才开始蓬勃兴起。

文艺复兴带来了城市生活对人本主义的追求，城市建设日益呈现世俗化趋势，佛罗伦萨市中心不再是教堂，取而代之的是市政厅和广场，富人官邸也取代了教堂而成为豪华建筑。激情奔放、充满自信与积极进取成为文艺复兴时期城市聚居文化的主旋律。具体到规划设计上，这一时期的大师工匠们虔诚地遵守着整体与和谐的艺术准则，非常尊重并慎重对待前人留下的艺术作品，绝不急功近利。

中国古代城市与西方同时期的相比大不相同。首先，就城市功能而言，中国城市始终牢牢地处于统治阶级的掌控之中，中国封建社会城市的产生仍由统治阶级政治和军事需要起决定性作用。其次，就公众活动空间而言，尽管相较于同期西方城市，中国古代城市发展规模较大，却没有形成类似于西方城市中心广场之类的公共空间，居民缺乏公共交流、活动的场所和机会，城市居民以贫富、社会地位、行业等因素来划分居住地区，如同乡村内向型封闭的居住模式一样。虽然因地区不同，住宅模式相异，但居住空间贯穿着浓郁的中国传统农耕文化特色，例如北京四合院，这是数千年来中国形成的传统城乡聚居模式的原型。中国封建社会时期闭关自守的治国政策和严格的等级制度深刻影响了内向型封闭式的居住形态，其基础性决定因素乃是传统自给自足的生产模式。最后，就城市发展与工商业发展的关系而言，虽然英国等西欧国家封建社会城市起步较晚，但是它们的政治、经济、文化发展较为均衡，社会区域分工明确，为工商业的发展筑造了适宜的温巢。以英国为代表，其工商业一般由私人负责，国家只征收一定的税，非但不干涉主要事务，反而积极鼓励工商业的发展。中国封建社会城市的形成和发展状态正与此相反，并非是以社会分工和工商业发展为前提，而是单纯建构政治军事堡垒。中国古代城市的产生和功用基本围绕着政治利益，这类城市结构不仅不利于城市经济、文化的发展，还会阻碍社会的进步。

三、公元后人类聚居特点及成因

人类聚居环境尽管是一种物理空间，但在时间的长河中伴随着人类不断积聚的生态经验和文化认识已经变成文化选择和文脉传承，成为人类为适应生态环境而获得和拥有的一种文化能力、文化成果、文化自觉和文化自信。

（一）人类封建社会时期居住形态的成因分析

人类封建社会时期的宗教、军事政治、社会关系、经济发展这四个因素共同决定着城乡聚落的发展形态。不同的是中国古代军事政权对城乡规划发展的影响更大一些，不论是城市还是乡村的发展，都是以满足皇室需求为前提的。西欧国家主要是自由经济占主导地位，这在一定程度上促进了城乡的发展。可见，中西方国家居住形态的成因直接影响到人类生存模式的巨大差异。

（二）人类社会封建时期居住形态的特点总结

首先，这一时期人类聚居的居住形势有了极大的改善，根据不同的居住形态和地理环境，涌现了具有各式各样的功能和特征的建筑形态，为后期的人类聚居模式提供了广泛的参考。

其次，城市结构以及城乡共生关系影响政治、经济制度。社会经济的发展促使中西方城市和乡村间的差距愈来愈大，而城市结构及城市与乡村的关系又造成中西方政治和经济制度的差异。从城市结构和形成的动因看，封建社会时期的中国，军事与政治是影响城市选址的第一主导因素，因此城市规模巨大。而西欧城市是在区域经济发展的基础上产生和发展壮大的。同时期中国乡村成为城市的后勤基地，农村经济模式因此受限，进而导致乡村聚居模式发展滞后。此时中国城市与农村相互联系，根深蒂固的小农经济体制在很大程度上影响并限制了城市经济、文化的发展。欧洲国家则不同，它们一度以乡村经济发展为社会主要发展趋势，遍布的庄园促使西欧国家农村经济大幅提升。西方城市结构、性质和地位等因素在极大程度上促进了城乡间经济、贸易交流，思想的解放，也加速瓦解了西欧封建制度，从而使西欧步入资本主义大道。

最后，人类对自身的居住空间环境提出了新要求。聚落文化、市集商贸等促进了人类生存环境的改善，当人们日常生活得到充分满足，并且有剩余经济和精力时，就开始思考家庭居住空间的新发展。

第四章

第二类聚居——天人相争的
近现代工业化聚居

工业革命后，人类社会发展发生了重要的变革，并催生了大批城市。尤其是在工业革命初期，城市化进程突飞猛进。凭借着拥有矿产资源的优势，乡村城市也迅速发展起来，逐步发展为工业城市。第一次工业革命和第二次工业革命，尽管主要对西方产生了影响，但整体上使人类社会基本完成了从农业社会到工业社会、由乡村社会到城市社会的历史性转变。乡村逐步工业化，在市场经济的环境下，这种工业化并不利于城市化的发展，且产生的消极影响一直持续至今。

第一节　西方第一、二次工业革命
时代以来的聚居模式

工业革命开启了人类聚居模式的新阶段。首先在工业城市，正如恩格斯在《英国工人阶级状况》中所描述的，大量的务工人员涌入城市，造成人口恶性膨胀、城市内部聚居混乱、城市边缘如摊大饼般不断扩大。其次是住宅问题严重，虽然资本家工厂主大量建造房屋，但他们的根本目的是牟取暴利，广大平民仍只能居住在简陋的贫民窟里。19世纪中叶英国《议会文件》中提出，成排的烟囱日夜不停地将滚滚浓烟吐向天空，人们不停地把尘埃吸入体内。空气污染严重，人们的生活环境越来越差，这导致了传染病大肆传播，人心惶惶，严重影响了城市的现代化。

一、第二类聚居模式之乡村

两次工业革命以来，在社会经济、文化、政治等发展方面，最大得益者非英国莫属，因此，通过比较这段时期中英的乡村发展即可清晰地了解当时聚居模式的差异性。

中英两国乡村的资源储备情况不同，造成中英乡村发展的差异性。工业革命极大地促进了科技和经济的发展，英国由于圈地运动和农业技术的进步，吸引了大量的乡村人口涌入城市，这便造成了都市化的现象，从而产生了都会区。工业革命使得英国经济飞速发展，由此英国有了足够的收入来发展农村，同时还不断地吸收国际资本来促进农村的建设。而中国的新农村建设缺乏资金支持，理念滞后，导致城乡区域差距较大，使得中国新农村建设呈现出中西部村庄空心萎缩、东南部简单粗暴地拆村建城的恶劣局面。

农民素质对聚居环境产生了重要影响，特别是农民的教育起到很大的作用。在英国，农业的发展始终与工业联系在一起，因此农民对技术有着独特的热爱，并能够很好地利用技术，而且英国农民的思想较为开放，农民很容易接受工业革命产生的新技术和新方法。在 17 世纪资本主义兴起时，英国就十分重视教育，不仅重视对青少年的教育，还对农民的教育提出了严格的要求，尤其是重视农民的职业技术培训。但是中国农村农民的思维比较固执守旧，闭关自守的社会状态，延续千年的自然经济模式，使得他们几乎无法接受新式的种植技术或机械工具。

中英乡村规模及聚居方式差别很大。相对于中国，早在 20 世纪中后期，英国已经由手工业转变为农业现代化生产。随着技术的发展、机械化的普及，农业生产不再需要过多的劳动力。英国的农业生产多以家庭或大型农场为单位，当时的英国乡村聚居生活分布较散，农忙时雇用一定数量的人员通过机械操作快速完成种植、除虫除草、收割等一系列的农业生产活动。而中国的农村聚居模式则比较密集，一般是由有一定血缘关系的几十户乃至上百户农家合成一个村，共同划分村落周围的田地，日起而出，日落而归，由此形成的男耕女织的模式一直延续到新中国成立前期。

二、第二类聚居模式之城镇

城镇按照聚居方式的不同可分为五类，第一类为市场城镇，在以农业经济为主的阶段，市场或集市是城镇的重要组成部分，西欧国家的许多城镇都带有商业性质，是一种市场城镇；第二类是中小城镇，在17世纪之前，这类城镇规模较小、经济落后，但在之后，这类城镇迅速崛起，其地位也逐渐变得不可替代；第三类是港口城镇，在纺织品贸易繁荣的时代，主要通过海洋运输带动了大批城市的发展，这类城镇主要集中在英国东部和南部的港口；第四类是制造业城镇，在15世纪以后，矿产资源丰富的乡村，工业的快速发展，加之国外市场的竞争和产品结构的调整，严重制约了制造业的发展，而之前依靠呢绒发展起来的英国部分中小城镇也逐渐衰落，如诺里奇、约克、利兹、考文垂、诺丁汉等；第五类是温泉或休闲度假城镇，随着经济的发展，应运而生的是一种新型城镇，在之前的农业社会，休闲度假只是权贵和富人的特权。但随着经济的发展和中产阶级的崛起，休闲度假得到越来越多人的青睐，旅游疗养城市也迅速发展起来。[①]

三、第二类聚居模式之城市

第一次工业革命使英国成为世界上第一个城市化国家。在英国的带领下，人类社会逐步由农业经济过渡到了工业经济，社会性质也发生了重大变化，由封建社会转变为资本主义社会，社会生产方式也产生了重大变革，可以说是人类历史上聚居模式最大的一次变革。机器生产使得工业迅速发展，大量外来人口涌入城市，为了方便移民居住在工厂附近，城市空间如"摊大饼"或"滚雪球"式向外扩张，这种扩张形成了大中小各级城市的边缘地带。现代工业城市至今毫无例外地沿用这种粗放扩张模式。

---

① 张卫良. 工业革命前英国中小城镇的发展 [J]. 杭州师范学院学报（社会科学版），2005，27（6）：69-74.

在工业化初期，城市的功能分区存在一定的问题，不同功能区的划分模糊，住宅区、商业区、工厂区没有明显的界线，混杂在一起。但随着经济的发展、城市的扩张、人们的需要，城市功能区也逐渐明朗起来，出现了明确的功能区域的划分。由于市区内租金较高，加之工厂产生大量的废气污染，大型工厂纷纷迁往郊区，而金融保险机构、大型商业设施和娱乐服务业等资本密集型和服务密集型集团则向市中心汇集发展，占领繁华地段，中心商业区和近郊工业区最终逐步分离开来，为以后城市功能区的分化奠定了基础。

但工业城市的存在也有其弊端，外来工人在一起工作，住处聚在一起形成村镇，慢慢就发展成了小城市、大城市。其周边的工厂与人口也越来越稠密。但这种不稳定的关系最终成为恩格斯所说的"如果他找不到工作，那么他只有去做贼（如果不怕警察的话），或者饿死，而警察所关心的只是他悄悄地死去，不要打扰了资产阶级"。而这种因饥饿致死或导致的身体不健康，在恩格斯看来是一种社会谋杀，而这种社会谋杀充斥在整个英国工人阶级中，罪行在不断地加重。

第二节　中国近现代以来第二类聚居模式

一、中国第二类聚居模式基本状况

中国的聚居模式受到中国社会性质的影响，半殖民地半封建社会的中国，其经济结构发生了重大变革。受西方文化的影响，民族工商业大批兴起，而外国的入侵，开埠的城市都催促了经济的发展。在租界内，人口数量迅速增长，大大加重了对住房的需求，而在这种需求下，催生了一种新兴产业——房地产。由于经济发展水平的不均衡，不同阶层的住房需求也具有巨大的差别，工厂主为了便于生产，在工厂周围建造宿舍式的居住建筑，来自农村的劳动力大部分聚居在此，这是当时最典型的居住形态，也是现代住宅的雏形。而当时极具代表性的就是上海的里弄住宅，它是中国城市最早的现代高密度聚居建筑，也成为海派文化的重要象征。

　　经济的发展推动了第二产业的发展，工业化的进步也影响着人类的聚居模式，但由于城市的发展需要占用大量土地，造成城市用地紧张，为了应对这种情况，便出现了集合式公寓住宅。虽然这种情况在中西方国家都有出现，但也存在一定的差异。在西方国家，起初经济收入水平高的居民居住在城市中心，而在后期中产阶层逐渐从市中心搬到郊区，环境幽静的郊区相对于嘈杂的市中心更能吸引高收入人群。而在我国，在政府的规划下，旧城改造和工业企业主要集中在郊区，因此，郊区的居住人群主要是工人，基础设施较差，总体上郊区严重落后于市区。住宅设计受传统思想的影响比较大，加之公共空间的紧缺，在户型设计上大部分采用小卧室、大起居的格局，大的起居室是日常公共活动和社交的场所，与传统的"堂屋"功能相近，相对于宽敞的起居室，卧室则相对较小，主要放置简单的家具，从这一格局也可以看出中国传统的文化重视社交而忽视居住隐私。

　　在当今中国，城市不再是孤立存在，城市与城市之间有了更加频繁和紧密的联系和交流。之前有学者指出，随着时代的发展，"逆城市化"是未来城市发展的方向，但最近的研究表明，城市化最终形态不是"逆城市化"，而是大都市区化。当前，中国已经完成了城市化快速发展的第一阶段，开始步入更高阶段，往新型城市化阶段发展。当然，理解中国城市化要站在更加开放的角度，打破城市自身的局限性，只有城乡区域和谐均衡化发展，中国城市化才能更加平稳地发展。

　　经过 60 多年的城市建设，我国城市区域空间的新格局凸显，而一些发展较快的大中城市带动附近区域形成大小不等、发展也不够平衡的城市群，城市群又形成了相对集中的都市圈，打破了行政区的束缚，并整合了经济社会，极大地缩短了人们在空间上的距离。都市圈有利于跨地区产业的发展和规模的扩大，使得资本、技术、信息等更加快速通畅地向全国流动、扩散，并推动区域经济更加快速健康的发展，显然都市圈已经成为我国区域经济发展强有力的后盾。

二、中国近现代第二类聚居模式的特有问题

　　21 世纪以来，城市化进程推动着我国经济转型，国家的兴衰成败就掌

握住城市化进程中。然而，长期以来，我国城市规划和设计领域存在着重视土木工程类行业等显性内容的倾向，表现在重视土地空间、建筑物或建设项目的硬件、形体、构图、区划、方式、手法、高度、密度、容积率等方面的内容，而忽视城市设计的整体考量以及人文、环境等隐性或后续动态要素。实践证明，城市设计领域存在的这种倾向造成了严重的后果，我国城市化进程中种种意想不到的难题甚至病症发人深省。如果对其深入分析，则会发现这种倾向无不与城市规划与设计密切相连，无不与城市发展的历史视野、不同的人类聚居的眼界和理念密切相关。

从近代城市设计的历史来看，人文主义一直是城市设计的思想源头，尤其是在城市病严重损伤各大城市生命力的背景下，借助技术手段发展城市经济的同时，重视人文因素、以实践包容发展成为城市设计的重要思潮。城市设计者不仅要在设施上、建筑上提升城市形象，还要将文化融入其中，将城市的发展历史、地区文化、时代精神等进行深入提炼，挖掘出城市的灵魂，从而能精确、合理地传达出城市的形象，特别是城市设计要结合人的感知经验，建立起具有整体性、独特性的城市显性意象和城市隐性氛围，这样，艺术之美和人文之善都能得到很好的体现。

20世纪80年代初，中国城市发展日新月异，城市设计领域也取得了相应的进展，这一时期，吴良镛先生致力于"人类聚居学"的研究，提出了"人居环境科学"的基础框架，不仅在理论上有深入的研究，对实践环节也进行了细致的探索。但是，由于这一理念起步较晚，相关理论研究、法规机制、应对策略等相对滞后，导致现实之中的中国城市设计普遍存在诸多问题。

然而城市化进程快速发展也产生了一系列问题，如环境问题日益严重，生态关系不断恶化。恩格斯在《英国工人阶级状况》一文中提到的西方工业化城市相关病症，也出现在了中国。城市病不是一成不变的，它在不断地演变着，主要表现为失调和异化。而在当今社会，城市文化的演变也发生了翻天覆地的改变，引起了人们的关注。

1. 现实物质性文化空间的两极分化
一方面，私人文化空间不断向偏远地区发展，并逐渐被孤立起来；另一方面，城市公共广场或创意园区在空间上不断扩张……成因有多方面，其中最主要的原因是城市设计之初，对整个城市系统的统筹不全面，结构或逻辑关系不科学；在具体的设计落实中对人的关注与关爱不到位；在管理方面，尤其是后期的运营环节中，服务质量远不及前期，品牌策划与形象设计无新意，难以服众。

2. 虚拟非物质性文化空间的壮大与异化

当今世界分为两个方面：物质和虚拟。人们孤立地生活于一个个彼此分割、少有来往的现实物质性空间中，成为形同陌路的都市宅男宅女；又集体狂欢于微信圈群、微博天地、魔兽世界等亦真亦幻、抱团取暖的交互平台和梦幻的虚拟世界中，虚拟非物质性文化空间世界正悄然而又迅猛地扩张，挤压着现实世界，撞击和改变着传统意义上人们的内心世界、生活轨迹与聚居模式。

回顾人类社会发展历史，从以蒸汽机为代表的第一次产业革命到以电气为代表的第二次产业革命，从如火如荼的移动互联网时代到风起云涌的 3D 打印技术、云计算大数据等三次产业革命时代（或欧洲工业 4.0 时代），甚至未来 U 时代，人类的聚居空间文化，从现实物质性走向虚拟非物质性，不断发生着积极异化或消极异化现象。

这种人为异化现象在早期阶段对人类聚居具有积极意义，它丰富了原生态空间构成的内容、异化了原生态空间生长的规则、改变了原生态空间形态的面貌；而到了后期，原生态空间发展进程的自然轨迹与天然走向产生了极大的冲突，引发原生态空间发生或将要发生更深刻的走向异化。本书更关注马克思的异化劳动理论：创造过程或劳动本身的异化；人与劳动产品的异化，特别是具体结合到工业革命后人类劳动这一突出的异化现象，这是人类聚居空间的消极异化现象。这种消极异化现象基本表现为功能异化、形态异化、意象异化等，具体如下：

人类城市聚居空间功能异化：新城新区变鬼城，创意园区变商城，家庭社区变赌城；

人类城市聚居空间形态异化：历史名城蜕变为现代商城，文化遗址强拆为 CBD，底特律变废都；

人类城市聚居地上空间异化：水漫金山，雾霾压城，首都变首"堵"；

人类城市聚居地下空间异化：地面塌陷，泉水干涸，煤都地道"战"；

人类城市聚居文化空间异化：文化创意园区"挂羊头卖狗肉"；

人类城市聚居虚拟空间异化：网络乱象，黑客丛生。

人类城市聚居空间在经济结构、空间形态等布局规划设计方面的简单化、功利化，造成消极异化现象源源不断。其深层原因无疑是物质经济刺激、利益驱动、私欲至上，从而导致精神疲软、文化失落、审美异化和伦理虚脱。

当代，中国城乡由于发展的不合理，存在着一些独特的病症，城乡二元经济社会结构简单地从制度层面对城市与农村进行一系列的分割，使城市和乡村成为相互独立的运作单元。由于各类资源的相对固化，造成了城乡间在基础设施建设、医疗卫生水平、教育人才培养、社会福利实现等多方面的差距，人们高度聚居而非高质宜居。不合理、不规范的城乡二元制度结构，使得城乡发展的"三农"问题日益严重。

三. 中国当代城市聚居设计病例

1. 中国城市病频发

1) 强搬民粹弄巧成拙

一些设计者肤浅地理解中华文化，机械地搬弄民族元素，盲目地追求标新立异，使得建筑设计形状机械特异、脱离内在审美取向，对城市总体环境淡漠、对民众民族情感误判。例如在全球最丑十大建筑中排名第九的某地"黄金大厦"。[①]

2) 粗制滥造存在安全隐患

城市设计不当造成了现代城市危机四伏，座座摩天大楼的玻璃幕墙如"利剑"高悬，不少城市的大楼"歪歪、脆脆、倒倒"。据报道，新建成的南京南站，由于质量问题及设计不合理，在高铁开通不到 10 天的时间里，

---

① CNN 评全球最丑的十大建筑：沈阳方圆入选 [EB/OL]. (2012-01-09) [2018-02-15]. http：//news. 0898. net/2012/01/09/745034. html.

其数千平方米的地砖就变得破旧不堪。[①]

3）急功近利割裂历史、违背民意

在现代社会，城市设计始终处于尴尬境地，它们虽然是一种社会文化形式，承担着引导社会精神和价值深度的使命，但又不得不向消费社会妥协。一些设计者和组织者往往牺牲文化价值而向经济效益"折腰"，如非常具有人文价值的北京著名的梁思成故居于 2013 年被悄然拆除。

4）背叛日常化生活进入图像化陷阱

全球化带来扁平化，扁平化更需要图像化的趣味和快体验，海量图像不仅使视觉人类学迅速成为一个新兴学科，并且使人类聚居区域和建筑空间的生产愈加有机兼容和依赖图像生产，创造视觉幻象的集体建筑表演正在成为风靡全球的文化奇观与时尚，这些不断发展的日常化生活问题也与城市设计产生了矛盾，如城市综合体标示系统紊乱、城市高碳高熵运行，都城变"堵城"等。"郑东新区迷路"成为河南某报纸三年来出现最多的热线电话内容。由于旁边的建筑物极为相似，让人感觉条条道路如出一辙，加之缺乏系统和醒目的 VI 识别指示系统，因此郑东新区成为极易发生迷路的地段。相比而言，CBD 商务中心区域由于支线太多，也成为迷路的"高发地段"。可见，如何将以人为本的城市设计理念落到实处与细处确实是值得研究的问题。

5）城市硬件数量与软件质量脱节

我国城市聚居设计领域重硬件轻软件的倾向造成了许多城市硬件与软件不匹配的局面，从而出现了很多"文化沙漠城""水城""睡城""鬼城"，其中最有名的"鬼城"非内蒙古的康巴什莫属，在 2004 年以前，康巴什还是一片荒漠，寸草不生，只有两个小村庄，但由于"羊""煤""土""气"四大产业的支撑近年来，康巴什的 GDP 连年攀升。

6）朝令夕改造成巨大浪费

城市聚居设计就是为了避免城市盲目发展而进行的有计划的科学的设计，然而目前我国的很多设计"朝令夕改"，造成了巨大的浪费。如原计划使用寿命为 100 年的上海有"亚洲第一弯"之称的延安路高架外滩下匝

---

① 数千米广场地砖打碎重铺［N］. 钱江晚报，2011 - 7 - 8.

道，因为一些规划问题，尴尬被拆，造成了巨大的经济损失。该工程于 1997 年 11 月 28 日建成通车，始建投资为 13.4 亿元人民币，但仅仅投入使用 11 年就被拆除。①

7）恶俗低级影响文化安全

城市设计领域盲目崇外，脱离中国国情的审美取向，忽视中国现状引入西方试验性建筑理念，对文化淡漠与疏离，由此造成了恶劣影响。例如北京央视新楼"色情门"，《央视新大楼是色情玩笑》一文指出，该建筑设计师通过新书 Content 公开承认"央视大楼是色情玩笑"。② 事后从媒体报道来看，此书并未明确提出传闻中所指的色情玩笑。③ 但是这都不能改变其标新立异的设计形象给大众视觉和心理上带来的暴力伤害。中国中央电视台大楼作为首都北京的标志性建筑，其设计在某种程度上可以说代表了中国的形象，自然会激起人们对这一建筑的文化期许以及国人"在他者面前如何表现自身"的认同心理。在此聘用国外设计师，建造同中国传统文化、审美趣味迥异的建筑而无法引起人们的文化认同才是诱发"色情门"的深层原因。

8）盲目改名抛弃文化遗产

一些城市在推广过程中，往往剑走偏锋，依靠冲动改名或电视 5 秒广告来提升城市形象，如徽州改名——将绩溪县划归宣州（今宣城）地区，这一做法不仅造成了地名的混乱，还让人对历史概念产生混淆。④

9）政绩冲动遗留烂尾工程

浙江金华聘请众多知名建筑师和艺术家参与设计，投资 3 000 万历时八年才完成的建筑艺术公园，现已废墟一片。而云南某地公园圈土地、耗巨资建成后便成为最奢华的练车场。⑤

---

① 上海外滩下匝道"提前退休"反思城市基础设施规划 [EB/OL]. (2018 - 02 - 24) [2018 - 02 - 15].http：//news. xinhuanet. com/newscenter/2008 - 02/24/content _ 7660230. htm.
② 央视新大楼是色情玩笑 [N]. 武汉晨报，2009 - 8 - 22.
③ 设计师回应"央视新楼色情传言"：只想设计好大楼 [EB/OL]. (2009 - 08 - 27) [2018 - 02 - 15].http：//www. chinanews. com/cul/news/2009/08 - 27/1836637. shtml.
④ 章亚光. 徽州更名黄山和绩溪划出徽州的法律透视 [J]. 合肥学院学报（社会科学版），2004，21（4）：25 - 27.
⑤ [新闻1+1] 奢侈的"废园" [EB/OL]. (2012 - 04 - 19) [2016 - 02 - 10]. http：//news. cntv. cn/china/20120419/107221. shtml.

10）技术短视安全事故频发

城市设计领域还存在技术运用盲目上马，前瞻思考不足，缺乏严谨科学论证等问题，凸显科技双刃剑效应。如中国俨然已经成为世界上玻璃幕墙最多的国家，放眼望去，现代化的建筑几乎都是用清一色的玻璃幕墙装饰。我国现有玻璃幕墙总计达两亿平方米，超过全世界的85%，作为现代都市高层建筑的副产品，早期幕墙建筑缺乏安全标准规范，甚至直到现在，一些幕墙公司仍然不具有相应的资质，这便产生了很多问题，威胁着人们的生命安全。

其实，在全球城市化浪潮背景下，城市化进程中种种难题甚至病例，并不仅仅在我国独有，特别是规划与设计方面的相关难题，在西方发达国家也有发生。例如英国伦敦的历史街区保护问题，美国洛杉矶社区建设的人性化问题等，也是一直困扰这些城市的"痼疾"。但是，中国的城市化进程比欧美国家更为迅猛，在中国城市迅速扩张，城市郊区化迅速蔓延的当下，如果不在城市设计中预先考虑这些因素，那么这些问题很有可能以后在中国城市中暴露。

2. 近几年又出现了新的病症

1）城市设计行为的盲目与无调性

城市设计理论指导着我国城市建设的实践活动，在城市空间和环境品质方面发挥了积极作用。然而，近年来城市规划与城市设计缺乏有效的长期战略、系统控制与导引手段，设计环境与设计品质日益下降。具体而言，2012年我国城市设计行为的盲目性或各自为政的乱象主要表现为以下几点。

（1）城市规划设计的前瞻性不足。凡事预则立，以城市交通出行设计来讲，城市规划设计行为的前瞻性和预见性不足，城市产业布局与城市形态布局失衡紊乱。对于现存的交通拥堵问题，并不是当前才产生的，在城市规划早期已经埋下了隐患，如北京规划的"同心圆"扩张模式，直接导致了现在北京令人头疼的交通问题，虽然目前各方力量都在努力地解决这一问题，但是效果并不明显。中国城市聚居规划切不可头痛医头地只短浅地关注交通领域，必须统筹规划，系统设计，尤其是将交通规划与土地规划、经济布局、科学治理、文化建设等协同创新设计。只有将交通规划和土地规划等作为系统工程更好更完美地结合在一起，交通拥堵的问题才可迎刃而解。

（2）城市聚居孤立规划与碎片设计。很多职能部门或单位由于沟通不佳、目光短浅、只顾眼前利益而造成很多重复的无用功，如甲单位进行一项工程后将路面修平整，之后，乙单位、丙单位、丁单位又开始进行其他工程，重新挖路、添路，也许他们的初衷是好的，但是给人们的生活带来了极大的不便。如果各单位加强沟通和协调，在道路"白改黑"时把管道填埋好，岂不是能免去麻烦？对此，各个部门和单位应高度重视这类问题，在工程开始之前深思熟虑、谨慎安排，加强彼此之间联系和沟通，让工程一步到位，既节省资源，又能使百姓少受折腾。

（3）城市空间发展的挤压现象。2012年来，不少城市为了GDP的缘故，频频"拆旧仿古"，一些历史古迹被永久性破坏和消失。山东的聊城在四年前就着手城市改造项目，拆掉现有的建筑，取而代之的是"老城建筑"。城内的老房子都已不见踪影，昔日的周边道路也不见了，大量的空间腾出，换上了仿古的城墙、角楼、府衙和考院。

以上案例表明，中国城市空间形态在2012年以来表现出三个转化挤压现象：其一是虚拟空间对现实空间的挤压进一步加大，使现实空间的诸多功能向虚拟空间转化，正如马云所言，网上商店的扩张已经导致大批实体店面空间的萎缩甚至消失；其二是城市新区空间对旧城空间的挤压进一步加大，使老城区向新城新区进行空间转化，全国新城新区在盲目扩张中对传统城区形成破坏性挤压甚至毁灭性破坏；其三是由于人口的不断增加，公共空间不断减小，逐步转变为城市私人空间，小到城市私家车空车出行时的"横行霸道"，大到城市郊区私人别墅或城区濒河楼盘对濒河景区的圈地独霸。此外，市政建设中大开大挖对合理公共空间的挤压侵占也屡屡发生。

2）城市设计形态的凌乱与碎片化——以南京为例

城市设计形态上的比例尺度、基本初始形态或原始造型元素的确立，城市色彩主色调与辅助色彩的选取，城市肌理的地域性归纳与体现，城市形、色、质的有机系统结合，都是城市设计形态呈现与表达的内容。但是

"凌乱与碎片化"是目前城市设计形态的写照。城市郊区也因为优良的环境和自然景观，较低的居住成本而成为相对富足的人和外来流动性大的人口的迁居地，在城市色彩主调上即呈现出社会空间的双重碎片化的特征，由此造成城市社会邻里关系也随之破碎化。以南京为例，表现在两个方面：

（1）阶层分化与居住分异凸显。当前正处于社会转型时期，这便导致了城市社会阶层分化越来越明显。南京中心城区与郊区相比呈现出不同阶层间的混合状态，便利的交通条件和较多的就业机会促使城市年轻精英和城市贫困群体争先来到这里，封闭性好的别墅和大量呈非法拼贴状布局的低端社区建筑凌乱并存，这便造成了新时期城市聚居格局中邻里关系的冷漠与排斥，人与人之间的距离越来越远，人情味越来越淡。

（2）社区模式改变与传统邻里关系瓦解。城市居民的阶层分化导致了居民需求的多元化，随之而来的是产生了新的居住分层，出现了单位制的新型居住空间格局。随着居民流动性增强和相关制度设计的改变，传统基层聚居行政和管制向居民自治发展。[①]

3）城市设计政策的缺失与虚脱化

（1）我国综合性的城市规划体系和统一的实施机制尚未真正建立。1960年代以来，城市聚居规划与设计转向公共政策，趋向行业化专业管理。由于城市规划建设法制约束力的弱化，使得破坏城市规划总体布局的事例不断出现，按照探索建立职能有机统一的大部门体制的基本思路，以综合配套改革方式，在城市顶层设计层面整合规划资源。但在实际建设中，城市规划设计与城市经济社会发展规划、城市土地利用规划由不同职能部门主导，需要随着行政管理体制改革不断深化。

（2）相关法律的缺失阻碍城市设计的优化。政策法规在很大程度上影响了城市景观设计。有好的政策支撑，一个行业就很容易发展起来，比如在美国，对开发建设用地上的雨水，就做了明文规定：在一定的场地内，由于可渗透地面的减少，就得修建蓄水池，同时，雨水不能流到别人的场

---

① 宋伟轩，吴启焰，朱喜钢. 新时期南京居住空间分异研究 [J]. 地理学报，2010（6）：685 – 694.

地里去，否则就违法。如此，会对整个聚居环境带来良性生态效益。如政策落实得当，整个城市就会变得像海绵一样，雨季就可以把雨水蓄起来，旱季就可以把蓄积的雨水释放出去，那样，河流里面就能保持常年的水分。而在中国就缺乏这方面的法律。因此建议在做景观设计时，做一些雨水收集系统，但是，基于经济方面的考虑，大都不愿意这样做。然而如果是政府制定标准要求必须这样做，那大家就站在同一平台上竞争。只有通过国家立法，才能带动这个领域的快速发展。①

4）城市之间设计模式的抄袭和同质化

在城市内形态与空间设计无调性碎片化的同时，2012年以来，我国城市之间的设计模式却继续表现出抄袭和同质化现象：千城一面，千村一面，千街一面，漫步其中，"身在异乡为异客"的感觉，早已成为一种久违的体验。走在城市的繁华街道上，你会产生错觉，一个恍惚便会忘记身在何处。然而随着当代物质文化水平的提高，这种城市间的同质化引起的缺憾反而更为明显。

放眼望去，当今城市，犹如建筑工地般，每时每刻都在建造着摩天大楼。近年来的数据表明，国内每五天左右就会建成一座高楼大厦。这种"千城一面"的现象日趋严重，城市特色的文化和独有的气质正在消失。可以用三个字来概括这种同质化的原因，即"高、大、全"。

（1）高——盲目追求高层建筑和西式建筑。盲目构建中心商务区（简称CBD），追求高层建筑。现在多数城市规划的中心商务区都是高层甚至超高层的建筑群或者是欧陆风情的西式建筑。据说，一幢近百层大厦，单日维护费用100多万元。但这些突兀怪异的欧式建筑，使得原有的整体协调风格被机械阉割，聚居历史特色被无情摧毁。

（2）大——追求大广场、大草坪、大马路。在中国追求大广场、大草坪、大马路，而缺乏精致的景观和人本主义下的建筑围合。例如中国山东省某市的中心广场面积竟有天安门广场的一半，足足有24公顷；然而在意大利被拿破仑称为"欧洲最美的客厅"的威尼斯圣马可广场只有区区1.28公顷，意大利古建筑罗马市政广场也只有0.39公顷。

---

① 唐艳明. 景观行业法规缺失影响世界级作品诞生［J］. 城市住宅，2009（11）：80-82.

（3）全——争建规模宏大、功能齐全的国际化大都市。中国许多一线城市的目标和愿景是建设成国际化大都市。然而国际化大都市并不是短时间通过建造摩天大厦而形成的，需要长期的积累。首先，成为国际化大都市的前提是在国际经济与社会中站稳脚跟；其次需要许多类似跨国公司总部和国际机构分部的支持；最后，需要特别便捷的交通和发达的国际航线。

5）城市设计病例的持续性与浅表化

城市的合理设计，不仅可以加快城市的健康发展，并且会使人们的生活水平全面提高。但是我国一个个"雷人楼""地中海""吃人井"的城市病例直接或间接影响着人们的正常生活。

城市设计审美意象紊乱。在中国不少城市地标性建筑的设计中，对当地审美习惯的把握、对审美文化的联想、对审美意象的表达以及对周边环境的统筹协调是否深入、全面和准确，值得怀疑和深思。随着中国城市化进程的步伐加快，城市在规划设计过程中因忽视对日常显性的物质层面上的地理尺度、人本层面上的生理尺度，以及隐性层面上的生态法则尺度和人本层面上的审美尺度的研判而产生的代价正在普遍显现。

6）城市设计病例浅表化波及中国乡村

城市设计病例的浅表化波及中国乡村，主要表现在：

（1）空心村现象普遍。由于国内的发展重心一直放在城市上，农村建设就成了我国规划和管理的软肋。数据表明，国内多个规划相对粗犷的农村地区不同程度地出现人口急剧减少、老弱留守、村舍破烂的现象，这称为空心村、一人村现象[①]。

（2）乡村集体文化生活缺乏，传统文化被现代商业市场取代。由于城乡差距较大，越来越多的农村人口涌入城市，大批劳动力进城，使得偌大的村庄人烟稀少，丰富多彩的集体文化活动几乎消亡，现代商业气息浓郁的洋快餐文化市场乘虚而入。

----

① 薛力. 城市化背景下的"空心村"现象及其对策探讨：以江苏省为例［J］. 城市规划，2001，25（6）：8-20.

（3）赶农民上楼，乡愁无处寄。农民虽然进城务工，但是仍生活在社会底层，背井离乡，乡愁无处寄托，虽居住在城市，但是文化生活贫乏，显然是精神上的城中村居民。

当前，有四大因素影响国内的农村聚居形态：一是国家政策对其聚居形态的影响。自我国实施新农村建设以来，从"生产发展、生活宽裕、乡风文明、村容整洁、管理民主"五个方面推动了农村地区各项事业的发展。二是产业结构变化对其聚居形态的影响。新农村政策的出台、农村个体户轻纺业的产生等使部分农业走向产业化，农民耕作方式采用现代化手法，机械化劳作被广泛应用。多元化产业结构渐渐取代小农经济。现一二三产的高速发展替代了原本以农业经济为主导的产业格局。三是生活方式变化对其聚居形态的影响。例如随着农村生活水平的提高，汽车等交通工具进入了村民的日常生活。四是文化的多元性对其聚居形态也有一定影响。农村与外界的联系因为改革开放变得容易许多，这一现象也因为交通条件的便利而进一步改善。[1]

第三节 中国城市聚居病类归纳与病因分析

一、病例类型

笔者通过对相关病例个案进行分析研究，结合现实中大量同类案例，透过表象对相关病例进行基因图谱梳理与聚类归纳，病例类型基本可分为：

① 理念病例型；② 政策病例型；③ 规划病例型；④ 技术病例型；⑤ 质量病例型；⑥ 功能病例型；⑦ 服务病例型；⑧ 环保病例型；⑨ 文化病例型；⑩ 形态病例型；⑪ 品牌病例型；⑫ 形象病例型。

---

[1] 欧阳国辉，王轶. 社会转型期农村居住形态研究 [J]. 湖南师范大学自然科学学报，2011 (3)：90-94.

1. 政治意识与政策体制病例型

1）理念病例型

城市发展理念不仅指导着建设和管理城市，还决定着城市未来的定位，把握着城市未来的发展走向。中国在城市化建设过程中，过于盲目学习欧洲资本主义的城市化路线以及建筑风格，忽略了本土城市建筑文脉，对本土城市文脉承继的理解和把握不够，对城市特色文化或品牌形象的定位诠释不清，导致城市建设理念不清晰。不同城市总会在历史、文化等方面有其独特的地方，因此，不同的城市就要有不同的发展理念和符合自身情况的城市定位。

2）政策病例型

由于城市建设缺乏经验，国家相关的城市设计体制机制与法制也不完善，这便造成了设计失败案例或病例层出不穷……

3）规划病例型

规划不足是城市规划病例不断出现的突出原因，如对城市交通、防汛应急预计不够，导致越来越多的城市遭遇"拥堵""水困""内涝"等顽疾；也表现在对某些功能过度开发，规划过度，如建造城市大型广场、大型城市商务中心、地标性建筑。

2. 经济结构与形态布局病例型

1）技术病例型

中国在城市建设过程中由于技术的不足，也产生了许多病例，如玻璃幕墙技术的前期美观和后期隐患，磁悬浮技术的盲目运用，钢筋混凝高架的发展前景……虽然玻璃幕墙是现代建筑发展的趋势，外观时尚轻快，但存在着能源浪费、光污染和安全隐患等问题；高架是被动的交通方式，为了缓解交通压力，从而扩大纵向的宽度，但高架桥应变能力弱，带来了空气污染和噪声污染等。

2）质量病例型

城市形象犹如一张明信片，体现着城市的风格，也代表了城市发展的软实力。为提升形象，各地纷纷出奇招，出现了大量千奇百怪的"形象工程"，虽然在造型上下了很大功夫，但忽视了质量问题，那些以"政绩"

为标签的城市形象工程总是急于求成，不但不利于城市形象的塑造，而且还产生了消极的影响。为了政绩献礼，导致草率速建，质量粗糙，易出现豆腐渣工程等城市建设质量问题。

3) 功能病例型

城市功能病例主要表现在对于城市功能的不明确，从而造成了功能分类、功能定位的紊乱。而这种功能的不清晰，使得城市空间秩序混乱，同时还引起了一系列问题，城市的不断扩张，加大了对交通的需求，也加剧了环境问题。之所以会出现以上种种现状，主要是因为城市功能设计粗放，功能规划不足。

4) 服务病例型

由于中西方文化、意识及观念的不同，城市人口的激增也导致了大量的社会问题，街道行人稀少、住宅大量空置的"鬼城""空城"越来越多，引起了人们的广泛争议。"空城"与"鬼城"导致城镇服务化、城镇人文化缺失，城市的服务产业体系滞后，公共服务布局失去衔接，难以满足人们的日常所需。

5) 环保病例型

人力兴建城市，使得城市化进程以较高的速度和巨大的资源消耗粗放式发展，由此带来了一系列生态环境问题，严重损害了生态系统的平衡，造成了城市的气候变化和环境污染。

3. 精神文化与审美机制病例型

1) 文化病例型

政府部门一掷千金，请国外著名的设计师进行城市设计，但国外设计师对于本土城市文化缺乏了解，使得设计无法体现出城市的传统韵味。可见，由于中西方文化、意识及观念的不同，国外设计师设计的标志性建筑很难代表国内的城市底蕴，不伦不类的建筑大量出现，严重破坏着城市的形象。

2) 形态病例型

目前中国城市在物质空间形态上建筑造型各异、色彩混乱，甚至不顾周围建筑环境盲目标新立异，导致整体空间比较凌乱，建筑高低错落没有规律。城市物质空间形态是"形"，非物质形态是"神"，"形"散则"神"

乱，因此，加强城市形态的研究和建设势在必行。

3）品牌病例型

目前国内大部分城市的发展眼光短浅，很少能结合自身的战略定位统筹发展，导致城市建设没有特色，逐渐同质化。而严重的生态环境问题又使得各地城市规划将重点放在绿化工程上，各个城市相互效仿，缺乏独特性。国内许多城市拥有得天独厚的条件，有着丰富的自然资源与文化资源，但由于缺乏合理的设计，使得这些资源没有发挥应有的作用，造成了大量的浪费，进而导致城市失去特有的品牌标志。

4）形象病例型

工业背景下的城市化进程，使得城市犹如机器生产一般没有自身的特色，南北方、东西方的城市差异越来越小，纵观整个中国，各个区域的历史特色已渐渐消失，城市逐渐失去了自己的味道，城市内部的自然环境也渐渐同化，人们再也找不到昔日的记忆。

二、病因分析

通过对上述规划设计案例解析，对城市病例类型归纳与提炼，笔者对城市规划设计病例的病因与评判标准总结如下：

（1）政策空缺或错误；

（2）技术落后或失误；

（3）规划不足或过度；

（4）建设仓促或粗糙；

（5）形态丑陋或紊乱；

（6）理念盲目或粗浅。

以上六类病因基本属于思想意识与政策导向、经济结构与形态布局、精神文化与审美机制范畴。

1. 思想意识与政策导向

1）政策空缺或错误

设计失败案例或病例之所以层出不穷源于保护政策、机制与法制等的缺失，甚至某些政策成为某些病例的诱因或催化剂。

2）技术落后或失误

当今社会科技高速发展，各个城市都十分重视新兴技术，但过于强调实用层面，而忽视了其他因素和后续影响，产生了许多安全问题。如建筑外墙防火板易燃的固有缺陷、钢筋混凝高架桥在未来的功能局限性、高架废气污染对道路两侧居民和行人的直接危害等。

2.经济结构与形态布局

1）规划不足或过度

对城市的一些功能重视程度不够导致资源紧缺、功能不畅，因强调开发某些功能导致资源浪费、利用率低。如对城市广场过度求大。

现在都追求可持续发展，城市发展也不例外，但当前"摊大饼"的无序扩张，显而易见，与可持续发展的理念背道而驰。城市无序扩张，使得城市空间布局混乱，功能区杂乱，同时也导致了一系列环境问题。而在外围的卫星城，开发商为了利益不断地建造居民区，但由于缺乏相关的配套设施，如医疗、教育、娱乐等，给周边的居民带来了很大的不便。进城消遣娱乐，出城休息睡觉，这种模式也导致了交通的阻塞。更有城市规模攀比的严重现象，如极力打造第一大广场、最高建筑等。

2）建设仓促或粗糙

为某种目的而以抢抓时间为最高目标，忽视设计与建设质量。如质量不高的政绩献礼工程。

在政府的倡导和推动下，全国掀起了城市形象工程的热潮，但这一工程产生了许多负面影响。首先在建筑上，抛弃传统，追求清一色的高楼大厦，使得城市失去特色，让城市形象工程失去真正的价值。其次，在设计上由于缺乏长远的眼光和统筹安排的设计，城市失去个性化，老城区与现代建筑格格不入，而这种"断层"的城市特色使得城市资源品质在无形中逐渐流失，最终导致城市整体竞争力下降，难以在国际上占据一席之地。①

---

① 李广斌，王勇，袁中金. 城市特色与城市形象塑造［J］. 城市规划，2006，30（2）：3-4.

3. 精神文化与审美机制

1）形态丑陋或紊乱

目前中国城市设计缺乏对城市整体环境美感的把握，建筑造型、结构、色彩等突兀粗暴。城市整体布局设计不合理，空间分区凌乱，建筑高低错落，城市缺乏整体性规划。

2）理念盲目或粗浅

盲目崇洋媚外，东施效颦，对城市文化传统与文化需求理解不够，对城市特色文化或品牌形象诠释不清。

中国在城市化建设过程中，盲目仿照欧洲资本主义的城市化路线以及建筑风格，思路上不清晰，导致城市发展的定位不准确而盲目地扩张，又使城市失去独特的韵味。

城市形象的基础是生态环境平衡，城市形象的灵魂是城市特色。城市文化是"真"，城市建设是"美"，只有将"真"与"美"完美地结合在一起，才能结出城市让生活更美好的"善果"，才能提升城市形象。

因此，城市形象的塑造不仅仅是建筑的设计，还要做到"尊重自然"，顺从自然的设计，然后再加入城市文化，从而保持城市特有的"本土性"。[①]

三、根源治理（深层原因与治理对策）

目前城市化进程中不少问题，特别是规划设计中或过后暴露出的种种难题，本质就是一个个城市病例。追根溯源，城市相关人（管理者、规划设计者、生活聚居者）"患病"并"疯狂"——政治急功，经济近利，文化消极（审美怪异），如罗马城的盛极而衰一样。人心病导致城市病，城市病再导致人身心俱病，恶性循环。

1. 微观治标战术

思考与研究中国城市设计发展中的问题与对策，必须放眼全球，着眼未来，以宽阔的胸襟与视野提出具体的解决方案来取长补短。既可以修复

---

① 李广斌，王勇，袁中金. 城市特色与城市形象塑造［J］. 城市规划，2006，30（2）：3-4.

已经出现问题的城市设计与规划，还为今后的实践提供了范本。有了理论依据来指导城市发展，便可以使城市设计更加有序地进行。目前初步总结城市设计病例治理战术，并归纳为十二项策略：

（1）巧换概念，赋新内涵；（2）功能转变，活水多源；

（3）局部微调，以点带面；（4）移花接木，打散重构；

（5）调和元素，形态美观；（6）智慧城市，全媒覆盖；

（7）人文第一，整旧如前；（8）排查隐患，确保平安；

（9）吉祥元素，民族灵魂；（10）创新驱动，科技前瞻；

（11）品牌重塑，凤凰涅槃；（12）伦理法制，奖罚必严。

具体解释如下：

1）巧换概念，赋新内涵

上海昔日破旧的石库门摇身一变，成为现代上海最繁华的地标。新天地就是化腐朽为神奇的典型案例。1996 年改建初期，这里几乎是年久失修、破烂不堪的旧式石库门建筑。石库门作为上海特有的一种居住房屋形态，同时也是新中国成立前乃至改革开放前上海最多、最普通的老百姓住房，代表着上海的特色地域文化，是上海的城市年轮与记忆。当地政府并没有把这些老房子一拆了之，而是聘请了专业的设计师进行设计改造。设计者通过"巧换概念，赋新内涵"，在原有旧建筑的基础上，改变了居住功能，使文化休闲与商业经营融入其中，把具有上海特色历史文化的老街区改造成拥有国际水平的时尚文化娱乐中心。如今的新天地建筑群，在外部形态上保留了当年的历史风貌，内部装饰紧跟时代潮流，时尚设计、绿色设计，充分利用太阳能来满足正常生活的需要，按照现代都市人的情感体验、生活节奏，将都市的休闲生活体现得淋漓尽致。

2）功能转变，活水多源

巴黎塞纳河畔废弃工厂、车间、仓库毫无生机可言，但经世界各地艺术家的改造之后，充满了艺术气息，多数成为艺术家的工作室和卧室，成了"艺术家自治村"。在我国，上海的田子坊，原本是泰康路上的一条小里弄，但在政府部门的支持下，昔日旧民宅、旧厂房焕然一新，成为如今的各类创意工作室。早期为北京第三无线电器材厂的"798"工厂，自 2002 年起随着来自北京内外的文化、艺术、设计等人士，如洪晃、李宗盛等一些著名的艺术人不断入住，逐渐形成了一个艺术文化群落，已经成为现代艺术的一个根据地和北京的一个文化创意地标。

3）局部微调，以点带面

上海环球金融中心的原外形设计方案中，顶部为圆形加三锐角造型，在各地华人看来，表现出了另一种寓意与联想——楼顶的大圆孔远远望去非常像日本军刀（大厦两边造型）架起的日本太阳旗。① 相关管理部门多次收到海内外来信来函质疑或投诉。在众多非议之后，政府主管部门与日方重新达成了修改方案的协议，按照新的设计方案将顶部圆形结构改为倒梯形。但微调不到位也有引起新歧义和联想的可能，现在不少人又把改动后的造型称为"啤酒扳手"。

4）移花接木，打散重构

上海的金茂大厦把中国宝塔元素进行移花接木，打散重构、意象合成，加上斐波那契数列等逻辑原理进行渐变分割，成为上海又一地标，也是上海21世纪最具标志性的建筑。其他如上海世博众多场馆等，在设计构思时也多运用意象合成、打散重构、写意造型的技法；在世博后又对其空间与功能进行空间结构上或使用功能上的"移花接木，打散重构"，赋予新的内涵、功能与生命。在设计初期，设计师大多已将世博场馆后期的去向与重构问题考虑在内。

5）调和元素，形态美观

延安干部学院的窑洞造型元素统领着整个园区的建筑风格；青岛市掩映在万绿丛中的片片红瓦楼群；苏州老城粉墙黛瓦、小桥流水人家的江南美景等均属于运用了调和元素使城市或区域形态达到了和谐美观的案例。上海市建于20世纪七八十年代的城市老公房，如今统一加装红色屋顶进行色彩元素上的调和处理，不仅使老旧街区风貌焕然一新，也使老公房在梅雨季节潮湿和在夏季炎热的相关问题得以很好解决。再如上海陆家嘴的东方明珠、国际会议中心等地标建筑都采用圆形或球形进行形态上的调和处理，使整体感觉和谐有序。

---

① 492米，中国新高度［J/OL］. 三联生活周刊，2008（14）［2018 - 02 - 15］. http：//www. lifeweek. com. cn/2008/0428/21348. shtml.

6）智慧城市，全媒覆盖

"智慧城市"对城市经济的发展有巨大的促进作用，城市的发展离不开智慧，城市必须依赖技术，改善和优化核心系统，使资源得到最大限度的利用。2011年我国台湾新北市联网率已经达到88％，宽频达到63％，借助当地的智慧型服务，有600多项服务实现了上网，此外还有掌上型导航仪等，这一技术的运用促进了从市政交通服务、应急救援到旅游资讯等各种公共服务的更新换代。在这一方面，新北市发展突出，凭借发达的科技成为全球二十一大国际智慧城市。[①] 智慧城市理念对城市未来发展的影响是多方面的，它不仅仅有利于提高城市的管理效率，更助力于城市文化和文化城市的构建；科技不是独立的，只有将各项技术结合在一起，与地域文化相结合共同发展新兴产业，引领科技创新的潮流，这样才能更好地为人们服务，为人民提供优质的城市生活。[②] 数字经济时代背景下，高科技之"智"＋人文特色之"慧"，即文化＋科技或科艺融合应是对智慧城市建设的全面解读和正确认知。

7）人文第一，整旧如前

现在许多城市开始对旧城进行改造和革新，开封市正着手恢复《清明上河图》中的一条街市，上海市也将古老的石库门改造成繁华的新天地。在首尔，市政府经过深入的探讨研究做出重建清溪川的决定，恢复其原有面貌，改善周边环境，再现历史文化，为清溪川的繁荣和发展创造机会。首尔清溪川的复兴改造工程恢复了人们对首尔历史与文化的记忆，也起到了改善首尔城市生态环境的作用，乃至在提升首尔城市文化品位和国际竞争力等方面，都具有深远意义与示范效应。

8）排查隐患，确保平安

为了保护杭州雷峰塔，采用了钢架结构，这既保护了遗址的安全，又最大限度地提升了西湖整体景观质量。而在上海则将玻璃幕墙作为重点保护内容，窗户的开启是否安全，质量是否过关，封条是否结实，受力构件

---

① 新北市晋升全球21大国际智慧城市［EB/OL］.（2011 - 11 - 15）［2018 - 02 - 15］. http：//tw. people. cn/GB/14812/14875/16256025. html.

② 巫细波，杨再高. 智慧城市理念与未来城市发展［J］. 城市发展研究，2010，17（11）：56 - 60.

是否安全等都是需要排查的重要方面。对于正在大规模建设高楼的中国城市来说，特别要学习上海防患于未然的经验。许多赶工期的项目如献礼工程等都需要"排查隐患，确保平安"。

9）吉祥元素，民族灵魂

吉祥意味的纹样，具有中国的传统文化特征，我们应重视挖掘和研究民俗文化，将这种文化特征运用到现代设计中来。而建筑设计大师贝聿铭设计的苏州博物馆就将这一点表现得淋漓尽致，将传统建筑的土木结构与现代的建筑材料完美结合，选用几何造型，突出民族色彩，在整体布局上与周边名园融为一体，成为其建筑风格的有机和自然延伸。[①] 无论空间布局和城市色彩与肌理都充分体现出吉祥元素的恰当运用和民族灵魂气质的婉约表达。

10）创新驱动，科技前瞻

河北保定，已经成为首都副中心，目前正大力发展新能源产业，已经成为国内外太阳能综合应用普及率较高的示范城。[②] 新能源产业日益得到人们的关注，是现代研究的主要方向。再如，多年前上海静安高楼大火之后，江苏如皋宏海率先研发出绿色环保的外墙防火材料，目前已受到韩国等国外市场的广泛欢迎。5G语境下，新技术必然带来城市精准治理新场境。

11）品牌重塑，凤凰涅槃

2009年上海莲花河畔景苑社区由于工程质量问题，出现了"楼倒倒"事件，引起了海内外的关注，而之后，地产龙头企业接管了这个项目，吸取了之前的经验教训，并吸收各家之长，得到了多方支持，终于使得品牌成功重塑，受到人们的认可。

12）伦理法制，奖罚必严

要做到奖罚，前提是要有公正的机构，可组织各方专家与各界人士成立设计伦理委员会，对设计方案进行投票，实行一票否决制。设立城市设计的国家奖项与法律追究制度，进行工程跟踪，奖罚必严。古人云："信

① 杨乔娴. 中国现代建筑的民族性表达：以苏州博物馆新馆为例［D］. 扬州：扬州大学，2008：33.

② 河北保定太阳能发展之路［EB/OL］.（2014-11-08）［2018-02-15］. http：//jiaheu. com/topic/243704. html.

赏必罚，其足以战。"城市设计是一种伦理活动，它以人为本，需尊重生命，尊重伦理。

具体问题具体分析，例如针对某些烂尾楼盘和空间项目，可考虑采用"巧换概念，赋新内涵"的办法；针对某些大学园区附近空置或经营不善区域，可采用"功能转变，活水多源"的办法，将部分空间功能转换，形成高科技园区、创意园区；针对某些城市形态紊乱、无调性，参照"调和元素，形态美观"，对形态紊乱区域进行统一或近似的统调处理；针对郑东新区可采用"智慧城市，全媒覆盖"的理念，进行多媒体指示系统设计；针对梁林故居被拆，严守"人文第一，整旧如前"的标准；针对某些赶工期的政绩工程，必须"排查隐患，确保平安"，等等。

2. 宏观治本战略

以上关于中国城市设计发展中的问题与对策只是问题治标的第一步。若要根本性解决当代困扰人类聚居的各类疑难杂症，必须放眼全球，着眼未来，突破传统思维定式，扬弃旧有聚居模式，把握人类聚居的本质规律，聚焦生态、生命、生长，以合理生存、健康生命、持续生长为根本，构建一个绿色、生命、有机的未来新型聚居模式，并将人类未来新型聚居模式视为一个在生态系统基础上有机统一、健康成长的一元生命体系统，构建既要承继古代天人和谐，又要克服现代城市弊病、满足未来社会发展的第三种聚居模式——城乡一元生命体，真正实现让人们生活更美好的愿景。

人类第二类聚居模式的基本特征可以归结为"割裂"或"异化"，即天与人割裂——人与自然不友好；城与乡割裂——城乡二元，贫富不均；人与人割裂——人与人的相处越来越冷漠化，人际关系紧张，引发多种社会问题；人与自我割裂——内心冲突，心理疾患；城市异化——让生活不美好。笔者认为，工业革命后的国际人类聚居，已从第一类聚居转化为以工业城市为代表的第二类聚居，其在科技和物质上是发达的，但在生态上已经从天人合一走向天人相争，在文化上已走向异化和实质性的滞后或破坏。

第五章

第三类聚居——
城乡一元生命体

聚焦生态、生命、生长，将人类未来最佳聚居模式视为一个在生态系统基础上有机统一与健康成长的一元生命体系统，提出既要承继古代天人和谐，又要克服现代聚居弊病，从而构建满足未来社会发展的第三种聚居模式——城乡一元生命体。

第一节 传统"城乡一体化"理论局限性

一、"城乡一体化"基本理念

有关城乡一体化研究的国外成果，包括以下几个方面：其一是从战略层面出发，科学预测未来社会发展状况和规律，以马列主义史学和哲学为理论依据的城乡一体化研究；其二是国外部分学者从操作层面出发，基于城乡联系发展理论对城乡一体化进行探讨，基本形成"以城带乡""以乡促城""城乡融合"3 种不同模式的城乡一体化理论研究。从经济层面理解，城乡经济首先具有共生互补性的依赖关系。一方面，农村为城市的工业生产提供必要的原料，如农产品、矿产品以及人们消费的大部分食物。另一方面，城市则为农村地区的农业生产提供所需的制成品以及人们日常生活所需的其他消费品。因此，共生互补的依赖关系在城乡之间自然形成。《联合国人居议程》（以下简称《议程》）提出有关城乡平衡发展的建议，强调了城市和农村之间的相互依存关系和促进其平衡发展的必要性。《议程》鼓励把乡村和城市作为人类住区两个天然相连的起始端点来观察。此外，联合国根据《全球行动计划》文件还提议了推进城乡一体化的具体行动纲领和最终目的。

知名经济地理学家麦基则进一步强调："传统的乡村—城市社会转化模式的假说，其缺点在于把各种事物都讲得黑白分明，要么是乡村，要么是城市，因而就导致了研究城乡差别的错误倾向。"以上城乡联系发展的理论都强调了城乡共生互补的必然联系和城乡协调统筹发展的思路。

二、中国"城乡一体化"传统解释

中国传统城乡一体化理论研究基本主线如下：第一阶段是 20 世纪 80 年代末的提出与探索时期；第二阶段是 20 世纪 90 年代前后研究重点聚焦于城乡区域的时期；第二阶段是 20 世纪 90 年代中后期直至今天，主要指城乡一体化理论框架与理论体系的思考与构建，研究内容趋于相对完整的时期。正是由于城乡一体化理论研究的不断扩展，因此不同学科对其内涵的理解与解释也相对多元。

1. 基于政治经济学的传统解释

不少人类学家和社会学家，注重于城乡关系，强调城乡一体化是要城乡经济和社会生活紧密结合与协调发展，发达城市和相对落后农村打破分割壁垒，消除城乡之间的基本差距最终融为一体。[①] 经济学家更侧重建立城乡经济体统一的经济要素市场体系，打破各种传统的城乡分割的机制壁垒，通过资源优势互补、城乡生产力优化分工、各产业部门平等合理协作以达到最大化的经济效益。强化交流合作，推进地区产业专业化发展，协同发展现代工业化和农业现代化以及提高地区整体综合竞争力等，这其中包涵了利益分配兼顾公平与合理，发展战略、商品市场与经济管理的有机

---

① 余茂辉，吴义达. 国内城乡一体化的理论探索与实践经验［J］. 乡镇经济，2009（7）：33.

协同，经济活动立体布局与网络展开等基本思想。[①]

2. 基于规划设计的习惯理解

城市设计和乡村规划专家，更多是从空间形态看待城乡一体化发展的统一规划，特别是偏重于对城乡结合地域软硬要素的系统设计。站在生态环境的立场，生态与环境学家认为在城乡生态环境方面应该加强有机融合。[②]

3. 基于基本国情的思想认知

城乡一体化发展是国际化发展面临的问题，更是当代中国在这一特殊时期与特色背景下的发展进程，因此，必须基于基本国情，正确理解与科学研究中国城乡一体化中的相关问题。

三、城乡一体化的认知局限

中国的城乡一体化推进至今，基本是以城镇为主要出发点和归宿，乡村地区只是作为辅助与点缀，随着城镇规模无限制地扩大，乡村却被不断挤压乃至迅速消亡，进而导致了城镇与乡村各种问题的出现与恶化。中国传统"城乡一体化"思想归根结底是政策理念型和经济结构型的狭义模式，并带有严重的重城轻乡偏见，先天缺少"绿色、有机"的生命属性与"生态、生命、生长"的广义内涵。

正是由于长期在理论和实践过程中对城乡一体化的理解有偏颇，因此加剧了城乡发展的不平衡，造成城市膨胀、乡村空心，甚至城市同化、销蚀乡村的后果。从以往实践上看，"城乡一体化"的提法容易造成对城乡关系的错误解读，从而使城乡地位进一步失衡。乡村的消失和功能退化不仅已经引发严重的社会和经济问题，还威胁到国家社会稳定、粮食保障、文化多元，甚至政治安全等核心利益。因此，正确理解与科学统筹城乡关

---

① 郑毅. 城乡一体化视觉下盘锦市域城镇空间结构重组研究［D］. 沈阳：沈阳建筑大学，2012：9.
② 余茂辉，吴义达. 国内城乡一体化的理论探索与实践经验［J］. 乡镇经济，2009（7）：33.

系及其发展中的地位和定位成为当务之急，本书认为主要包括以下几点：

1）认清城乡发展的根本动因

农村发展进程整体落后于城市发展并引发新社会问题是目前国情或隐患。因此，研究城乡统筹必须明确乡村落后于城市的突出表现、根本诱因与破解方法，特别是对城乡发展现状进行"SWOT"意义上的客观全面评析，探明城乡统筹的理论驱动力，才能从根本上明晰城乡统筹研究的科学发展问题。

2）认清城乡统筹的根本任务

城乡统筹的根本任务是消除城乡二元桎梏，实现城市和乡村的差异化和谐发展，而不是简单的经济一体化。解决二元结构带来的问题，绝非单纯地磨灭乡愁和割断文脉。当代城乡发展规划院院长傅崇兰于 2012 年在《城乡一体化蓝皮书》首发式上指出，现在对于城乡一体化存在很多误区，他引用媒体的报道"中国农村学校每天消失 63 所"，消灭农村教育，其实质就是消灭农村。

3）认清城乡统筹的立足模式

中国城乡一体化终极立足点在哪，此乃是发展路径和发展目标问题，也体现出城乡统筹发展水平问题。20 世纪 80 年代以后，西方社会城乡统筹发展研究进入了城乡统一发展的田园化阶段。根据国际发展趋势，寻找适合我们的落脚点或立足模式是个重要的问题。

4）认清国家安全之严峻性

粮食、生态、社会、文化等安全是一个多米诺骨牌连锁效应问题，核心是粮食安全。对我们这样一个人口大国来说，中国必须自给立足，确保国家粮食安全、保障主要农产品供给。若粮食安全受到威胁，恐怕连生存能力都不可能有了；若耕地流失，则导致生态破坏和粮食危机，进而导致社会不稳、文化消亡，其后果难以想象。

5）认清城乡统筹的目标

在目标设定上要清醒认识到未来城乡统筹发展的本质在于经济协调发展基础上的城乡人口社会保障均等化。当生存、社会、政治等待遇平等后，精神文化待遇也必驱平等，这是体现以人为本发展的终极目的，也是城乡统筹发展的目标。中国城乡一体化亟待理论创新，前提是必须打破目前的各种认知局限如经济关系局限、空间定位局限、生态环境局限等。如何能统筹发展，如何构建起健康科学系统的运行机理，这些问题都在拷问着社会各界，而多学科交叉则代表着一种未来发展方向。[①]

笔者尝试从整体出发，站在多学科交叉视域，提出"城乡一元生命体"系统概念。面对未来中国乃至人类社会如何生活得更美好这一严肃命题，只有跳出传统聚居观念的僵化束缚，打破原有片面、狭隘的定义，以科学、全面、可持续发展理念，走向第三类聚居模式——城乡一元生命体（系统），才能真正实现绿色的、有机的、生命的、文化的新型城镇化聚居之梦。

第二节　未来城乡一元生命体基本内涵

哲学、分子生物学、生理学、热力学等意义上关于"生命"的解释有多种，在此不再赘述。但无论哪类解释，有机、能动、和谐、系统、可持续等是其共性特征。

一、生态系统的有机构成

正如《易经·泰卦》对客观世界与自然生态的理解："天地交而万物通也，上下交而其志同也。"城乡一元生命体是各类社会阶层乃至多物种共同营造和享有的生存生态，因而应当兼顾多样化，兼顾各方需求，避免强调某一群体的理想环境，同时重视整体环境质量。该系统中的一草一木、一水一石都是有机的生命系统之构成、衍生和积淀。

城乡一元生命体必须汲取第一类聚居中自然天赋的积极因素，例如对乡村原生态的保护利用，使城乡一元生命体真正具有原生态有机绿色与美好生活。哈尼族人世代居住在哀牢山中，海拔两千米左右的山坡冬暖夏

---

① 罗湖平. 城乡一体化进程中的共生机理探讨［J］. 安徽农业科学，2011，39（5）：3090-3091.

凉，风景如画，生态天然，丛林中涵养的水源细水长流，供寨民日常生活所用。所以山林是整个居落生态系统的生命之源，特别宜于居住，因而被视为神圣之地。

当然，因社会进步发展和自然地理等因素，不可能将此完全照搬到每个城乡一元生命体聚居区域，但可以借鉴第一类聚居阶段中东方古代城市聚居结构的"二元对立统一律"等宝贵经验。

二、对"二元对立统一律"的合理借鉴

从思想基础和实际形成过程来看，"二元对立统一律"在中国传统聚居结构形成与中国传统家宅结构方面的可比性非常强：因为中国传统聚居模式，自诞生之初便像小农经济家庭，体现出在一定地域内自我生存能力的相对独立自在性。所以城乡一元生命体系统，是天、地、人自然天成的有机系统。另外，由于中国古代社会将食物、兵员、城池视为战守的并列要件，因此，中国古代城镇传统聚居作为政治军事工具的特性更加强化了这种自立的动因与动力，它们皆为维系一个城市、一个国家生命的关键，正如《墨子·七患》所言："食者，国之宝也；兵者，国之爪也；城者，所以自守也；此三者，国之具也。"也正如《管子·权修》说："地之守在城，城之守在兵，兵之守在人，人之守在粟"。

中国对于"园""圃""苑""囿"园林的最早记载，目前最早史料佐证于三千年前殷、周期间的"囿"和《诗经》所咏的"园"。虽然当时"园""圃""苑""囿"等多是有关栽种果蔬、捕猎禽兽的特区，但是，不能简单把园囿之功能理解得如此简单，因为北方恢宏、南方雅致的中国古典园林艺术的形成正是源于"园""圃""苑""囿"，其作为中国古典园林之起始早已被广大园林史学家认可和一般民众所熟知，因此，城乡一元生命体聚居的独立自在性必然承继于这些"园""圃""苑""囿"之传统文化。我们以三国时期的曹魏邺城为例，分析"二元对立统一律"的具体表现。

邺城面积为 6.53 平方公里，城市形态是东西走向长方形制，《水经注》卷十《浊漳水注》记载："其城东西七里，南北五里，饰表以砖，百步一

楼。凡诸宫殿、门台、隅雉，皆加观榭。层甍反宇，飞檐拂云，图以丹青，色以轻素。"当年邺城全盛时期，距离邺城六七十里之外，远远眺望，巍巍乎宛若仙居。邺城设有七个城门，其规划布局极大影响着以后的中国城市规划营造。深入分析发现曹操的雄才大略以及明法变法的政治素质和胆略等深刻反映于邺城规划和建筑营造上，因此曹魏邺城能够打破秦汉以来都城建设束缚，独创新布局成为典范以引领后世，正如王沈《魏书》所赞道："及造作宫室，缮治器械，无不为之法则，皆尽其意。"①。

作为人类社会发展进步的必由之路，城乡一元生命体聚居模式构建是文明演进和制度进化的有机构成。城乡一元生命体并不是意味着机械僵化的城乡叠加一体化，城市和乡村各自所具有的特色与互补性并没有消失，一元应该是城乡生命机理上有机交融的辩证统一，城乡扬优弃缺，互补融合，彻底打破城乡分割体制和公共产品二元供给等制度，实现城乡之间尤其居民地位上的公平与公正、经济布局上的相互补充与促进、生活资源上的公用与互惠。城乡一元生命体构建与发展的重要特征是有机、公平与美好，人与生态环境、人与社会公共利益相互之间的融合，必须按照自然规律和法制规范将有机联系的系统元素有效整合，在区域内协调成为一个有机的、绿色的、生命的、文化的整体。②

三、城乡一元生命体理论依据

吃穿尤其住行等生活质量的不断改善，使当今居民对聚居环境内在质量和空间扩张要求同步提高，人与自然之间的关系矛盾愈加突出。因此必须要因地制宜地以突出自然生态的绿色、文化生命的传承和生态生长的永续来构建理想聚居环境，绝非简单粗暴地大拆大建，③从而使生命体的绿色、有机、生命属性与体征在城乡统筹发展中得以实现。

城乡一元生命体的关键词是"一元""生命"，表现在时间上，对从诞

---

① 俞伟超. 邺城调查记 [J]. 考古，1963（1）：15.
② 徐全红. 城乡一体化与城乡公共产品统筹供给 [J]. 河南财政税务高等专科学校学报，2011，25（4）：3.
③ 吴缚龙，周岚. 可能的乌托邦：中国理想城市的探索与启示 [J]. 广西城镇建设，2010（3）：13.

牛、发展到衰退（生命周期）的一个生命体机制的描述；在空间上，与细胞、组织、器官所分别对应的结构解析和功能定义。

为城乡一元生命体聚居而设计绝非机械地模仿生命表象和拘泥于传统的形式。未来城乡一元生命体聚居系统应以绿色的、有机的、生命的自然过程和内在健康、充满活力的科学机理为依据，阳光、地形、水、风、土壤、植被及能量等，作为生命健康生存发展所必需的自然元素结合在城乡一元生命体系统之中，从而保持城乡一元生命体的健康生长。[①]

生命无论大小，其机理与规律是一致或相似的。城乡一元生命体是由人包括多种动植物等生命外加其他第一自然生态和第二自然（人工）生态构成的一个生命体系统，其本身同样具有生命性。依据有如下几点：

首先是以自相似性理论为依据。自相似性是宇宙间的一种普遍现象。正如协同学创始人哈肯所言："在这个太阳系下没有任何新东西。"不同领域专家学者在如自组织理论、系统理论、耗散结构理论、混沌理论等复杂系统的科学研究进程中，发现复杂系统的一个本质特性逐渐被深刻地揭示出来，这就是系统的自相似性（self-similarity），并且大量事实表明自相似性不只是存在于生物界，它是一种广泛存在于物质世界和人类社会文化中的普遍法则。中国学者张光鉴、周美立等人通过研究借鉴和认真归纳有史以来的相关科学发现与实际科研成果，证实自然界从宏观天文到微观生物生命组织，总体存在从内在情态到外在形状乃至运动规律等雷同与相似现象，这种类似性在很多现实表现和理论处理中都确实普遍存在，张光鉴、周美立等人基于此构建起相似理论体系。其理论主旨明确指出，相似性是自然界万事万物共同具备的最基本性质或规律。

其次是以混沌理论（chaos theory）为依据。本理论覆盖面广泛涉及自然科学与社会科学的几乎各个领域，对自然界现象有序与无序的统一、确定性与随机性的统一等研究，被视为 20 世纪物理学的里程碑式的研究成果。混沌理论的重要创始人包括 M. J. 费根鲍姆（M. J. Feigenbaum）、J. 约克（J. Yorke）、E. N. 洛伦兹（E. N. Lorenz）、罗勃特·梅（Robert

---

① 俞孔坚，李迪华，吉庆萍. 景观与城市的生态设计：概念与原理［J］. 中国园林，2001（6）：4.

May)、A. N. 萨可夫斯基（A. N. Sarkovskii）、李天岩等。混沌理论与相对论和量子力学作为 20 世纪三大重要理论发现，成为当代前沿热门课题及学术研究焦点之一。混沌现象与特征广泛存在于各个领域之中，混沌理论的诞生不仅使物理学、数学本身有很大的发展，它的基本概念、精神实质、研究方法已经渗透到了包括人文社会科学在内的几乎所有科学领域。混沌理论认为，所谓蝴蝶效应本质是对初始条件的敏感依赖性、可预测性、自相似性——混沌内部结构呈现出跨尺度的自相似性，即分形特征，这些构成混沌系统三大明显特征。而混沌则是非线性系统的本质特征。该理论使现代科学不再单单局限于彼此孤立的或局部碎片式的分析方法，而是采用普遍联系的宏观综合的系统观点来研究自然界的所有复杂现象与本质规律，这反映出东方传统辩证哲学与现代自然科学的异曲同工之妙。作为联系密切但又相互独立的两个理论体系，混沌与分形两个理论都有深刻的学术意义和广泛的外在应用领域，相互有机联系和对立统一，如分形理论能直观形象地对混沌吸引子的结构和形态进行描述。分形理论的实质可以完全以混沌吸引子得以体现。

　　最后以全息理论（Holographics）为依据。如同中医辩证原理，西方医学之父希波克拉底（Hippocrates，约公元前 460—公元前 377 年）两千多年前就隐约指出了人体局部与整体关系的规律：如果有人即使在身体很小部分引起损伤，整个身体都会感到疼痛难忍，这因为在身体的最大部分中所存在的机理同样存在于最小部分中，这个最小部分本身具有一切部分的普遍特征和共同意义，这些部分是有机联系着的，能把一些变化传播给所有的部分。他还指出："有什么样的眼睛，就有什么样的身体。"中国张颖清教授基于大量的实验研究发现生物体在结构和组成方面具有相似特性——生物体的任一部分都好像是整体的映像微型复制，这一规律即为全息生物学之理论关键——生物全息律。后来许多学者又发现自然界广泛地存在类似规律，并称为广义全息，即指系统总体与局部间结构、功能的相似性，在此基础上又发展出结构全息、功能全息、时间全息、过程全息等。西方其他学者也同样发展出类似的理论，除了希波克拉底，德国生物学家海克尔（Haeckel）于 19 世纪发现的生物重演律（Ontogeny recapitulates phylogeny），即个体发育重演了系统发育模式，为生物演化在时间进程中的自相似规律。

综上所述，此三大理论的研究核心与根本就是系统的自相似性。"混沌""广义分形""广义全息""广义相似"反映的自相似性意义实质是相似的。人类社会和自然界的各个领域都可验证混沌理论、分形理论、全息理论和相似理论，因此自相似现象是自然界中的一种普遍现象，物质系统的自相似性也许是我们世界的本质属性。人体系统是宇宙间最复杂的系统之一，人类聚居系统同样极其复杂，但其复杂之下具有对应性、相似性及规律性。正如贝塔朗菲（Bertalanffy）所说："任何范围广泛的理论都意味着一种世界观，任何改变了我们对世界看法的科学重大发展都是自然科学。"

特别指出的是，全息理论、相似理论来源于东方整体论的哲学思想，因为东方思想把宇宙看成是一个不可分割的实体，一个统一的整体，甚至带有某种神秘性，自相似的观点在古老的替代医学体系中（特别是中国传统医学）均有明确的体现：中医中的耳穴系统、足穴系统，治疗中的一药多用、一用多药、同病异治、异病同治等现象，都说明了自相似性在人体及医学过程中是得以广泛体现的。而分形理论、混沌理论基于西方还原论的哲学背景，都是从局部的、实证性的探索中对自然、社会进行认知与解释的。自相似性使诞生于不同文化背景之下的东西方两大传统哲学流派在此交汇融合。

基于以上相关理论，本书提出人类第三类聚居模式应是具有生命机理的城乡一元生命体系统的创新性主张。

第三节　城乡一元生命体空间
文化结构层次

作为物质存在的一种自然状态和体量呈现，长度、宽度、高度是空间的基本表现。空间因物质间的相对位置和彼此作用而存在各种功效与意义。各类空间都在为实现其时间维度上的现实功能或长远意义而存在，其形态和功能都不是恒久不变，会随着时间的变化而消长，或发展，或变异。

未来城乡一元生命体的空间结构层次关系如同花之瓣和果之壳层，层次清晰，结构合理（见图 5-1）。

图 5-1　城乡生命体空间文化结构层次

一、原生态环境空间文化层

作为初级背景，原生态环境空间文化层是最外圈层，是原生态第一自然特征之体现。

城乡一元生命体系统强调，在系统设计中不能仅仅关注经济增长和土地利用，还必须在城乡是生态巨系统的有机组成部分这一整体视野下，全新思考能源节约，保护自然环境，维护生态平衡。通过资源循环再生利用和低碳节能减排等措施，建立资源节约、环境友好、人类健康的可持续发展社会，实现人与自然天人合一的友好关系。这个城乡原生态文化环境空间层是一种"阴阳和万物生"的原生态文化。

所以，城乡一元生命体系统的视野规划应从城与乡，特别是人与自然、社会、经济系统的有机统筹融合发展角度，构建完整良好的城乡复合生态系统。以人为本，科学规划，有机设计，促进城乡资源节约和绿色循环经济发展，把低碳环保、生态集约理念融于可持续发展过程中。根据城乡一元生命体空间发展、功能布局以及空间各个基因元素的协同设计与科学发展对生命生态质量的影响程度，来评估城乡一元生命体空间整体环境设计的成败。同时从城乡空间发展对于资源消耗和能源利用等角度来高度关注诸如能源流、信息流、物质流等各类流的输入作用，即以对城乡一元生命体产生的效率或效益，来有效评估城乡一元生命体空间系统新陈代谢的输入系统功能以及输出系统对环境的影响。特别要从城乡一元生命体可持续发展的潜力与动力，资源经济社会环境发展链条等角度，考量城乡一元生命体空间布局的长远性战略实效，考量城乡空间与功能发展是否建立一种彼此耦合、科学发展的模式。①

二、建筑景观空间文化层

在骨架体系中，建筑景观空间文化层为第二圈层，以人造第二自然设计为主。

中国传统聚居，擅长使用"合形辅势"构图原则，注重与周围山水环境和谐优美的构图关系，具有山水环绕的围合环境特点与传统绘画构图范式，通过进行城市空间结构的布局，构成中国特色的文化空间与氛围。比如南京明城墙的建设，和城市固有的山水形胜有机联系在一起，在蜿蜒曲折中达到城市人文追求与自然格局的统一。在未来城乡一元生命体聚居建筑景观文化空间层建设中，必须合理构建文化景观的空间结构，尤其从传统文化空间中汲取营养。

三、公共生活产品空间文化层

公共生活产品空间文化层为第三圈层，以移动媒体和工具系统为主，

① 张洪波，徐苏宁. 低碳时代的城市发展导向与城乡规划变革 [J]. 哈尔滨工业大学学报（社会科学版），2011，13（5）：64-65.

包括现实与虚拟两个空间或两个世界。

城乡一元生命体文化空间的实质是人的存在空间。而文化从来不是虚无的；文化必须依附于或承载于一定的介质或形式。从物理意义上讲，城乡一元生命体文化空间无论构筑得多么宏大完美，也只能算是城市的躯壳或容器，并且随着时间维度的延伸或时代的发展，或积极发展，或消极异化。只有当其注入了具有丰富文化内涵与生命活力的公共生活产品或公共家居，城乡一元生命体才能充满生命的光辉并具有高贵的灵魂与气场。

城乡一元生命体空间的文化体现有两种形式：一是对空间内部进行文化的吸纳和灵魂的注入，文化的体现者或载体主要是各类文化人或符号；二是对空间外部进行文化的包装和品牌的打造。空间尤其人为的城市空间本身也是一种文化或文化现象，具有文化甚至政治属性与烙印。

聚居文化空间，在物理学意义上呈现出现实物质性文化空间现象，在社会学意义上则呈现出虚拟非物质性文化空间特征。现实物质性文化空间的传统构成和演进趋势按不同分类又具有如下特点：

1. 从社会功能或角色上分

（1）以传统类文化空间为代表的如国家大剧院、人民大会堂、人文展馆、大专院校等事业类文化空间。

（2）以新兴类文化空间为代表的如商业性开发区、创意园、游艺厅、沙龙画廊、电影院线、游乐园等产业类文化空间。

（3）以潜力类文化空间如农民画村、古代民居、文化社区、文艺广场等为代表的民俗类文化空间。

2. 从空间体量或大小上又可分微观、中观、宏观等不同文化空间类型

（1）微观：如书籍报刊（单本的书刊就是一个微型的文化空间或文化场域）、画架书包、手机、电脑等。

（2）中观：如书屋影院、教室校园、文化广场等，特别是广场的演化则从上古祭天拜神的神圣广场，发展到后来以军事政治为主的革命广场，再到如今以休闲健身为主的人民广场，其空间内文化的内涵在

与时俱进。

（3）宏观：一个城乡就是一个综合的文化空间，无论城市是只"胀破的城市容器"[①]，还是一部复杂机器，或是一个生命体系，并且当地球成为一个村庄、一个城市时，城乡一元生命体也就变成了一个中观甚至微观的文化空间。宏观文化空间的范围，会随着人类对外太空的不断探索和利用而膨胀扩张至浩瀚的地外空间，营造更加深远的太空文化空间或未来文明场域。

3. 从方位上分为地下、地面、地上三种不同的文化空间类型

（1）一般以基于地面上的为主。

（2）随着聚居区域土地的稀缺昂贵，越来越多的文化活动在向地下延伸，如地铁、地下商场、地下车库、地下通道、地下人防等地下空间的文化功能不断加强。

（3）随着人类目光的深远与胸怀的不断宽广，会有更多的文化现象或活动发生在城市的上空，如观光高塔、空中花园、飞机飞艇、太空观光等。

笔者认为，美国、日本、英国等不少发达国家已经完成或基本完成城乡一体化过程，进入了或正在推进类似城乡一元生命体模式的初级阶段，这些国家在城乡基本公共产品和公共服务方面提供了成功范式或宝贵经验。这些成功经验主要表现为在生态环境、基础设施、基础教育、社会保障、科技服务、智慧推广、住房、产业布局与就业渠道等方面实行供给公平公正、无差别无歧视制度。对比可知，传统二元经济结构下的城市公共产品供给水平远高于城乡平均供给水平，农村公共产品供给水平远低于城乡平均供给水平的不公平现象将得到彻底解决。在未来中国的城乡融合过程中，特别是城乡一元生命体的构建过程中，政府必将推行城乡公共产品供给无差别政策，从解决新时代社会发展主要矛盾的角度最终实现城乡之间公共产品包括文化产品供给水平的匀质、充分和公正。在城乡一元生命

---

① 刘易斯·芒福德. 城市发展史：起源、演变和前景［M］. 倪文彦，宋俊岭，译. 北京：中国建筑工业出版社，1989：405.

体成熟阶段，城乡公共产品供给从形式到内容都会发生符合新型城乡一元生命体聚居模式的根本改变，从而实现公共产品无差别供给。①

特别需要指出，目前正处于后信息时代与前生物工程时代相过渡的四次产业革命关键时刻，无论是在信息化背景下的智慧聚居建设，还是在美丽中国背景下的城乡一元生命体建设，从"服务让人主观感知、生活体验更美好"的角度讲，城乡一元生命体公共文化生活产品已不能再习惯性固守于以传统视觉造型为主的单媒体化设计，以城乡一元生命体为特征的第三类聚居应是鸟语花香、有声有色的视听聚居，聚居人对聚居更是"五感"齐下的全媒体感知体验，人们梦想着信息技术与审美艺术支持下的田园诗般的生态聚居环境，多媒体甚至全媒体的综合运用应成为今后聚居系统设计的重要技术与艺术手段，并体现于聚居生命系统的方方面面。因此，作为智慧聚居多媒体运用的一个创新体系，应是促进城乡一元生命体内人与自然和谐发展的内在要求；是破解资源环境要素约束，实现城乡一元生命体出行理念和交通宜人性模式转型升级的有效途径。

四、人类生命文化核心点

未来城乡一元生命体空间结构的核心部分是人，是城乡一元生命体的主体，具有生态特征、生物属性和社会意义。

就城市文化空间而言，硬件、软件、湿件（人）三个虚实空间要件与层次在聚居中绝非是彼此孤立的关系。它们是对立统一、交织联动的文化空间的有机组合，在未来就应该是一个原始生态文明、现代科技文明与文化艺术文明支撑下的智慧公共空间系统，是实现城乡一元生命体"美美与共，天下大同"的理想境界。智慧空间生命系统的健康运作与积极异化发展，有赖于其构成的核心细胞和要素，这个核心细胞和要素是智慧文化空间生命系统存在的动力与主角，也是这个智慧文化空间的创造者和体验

---

① 徐全红. 城乡一体化与城乡公共产品统筹供给 ［J］. 河南财政税务高等专科学校学报，2011，25（4）：2-3.

者——城市人。这个智慧公共空间系统是富有灵性的"人空合一"："人文与空间合一"和"虚拟与现实共生"共同构成了智慧文化空间生命系统（见图5-2）。

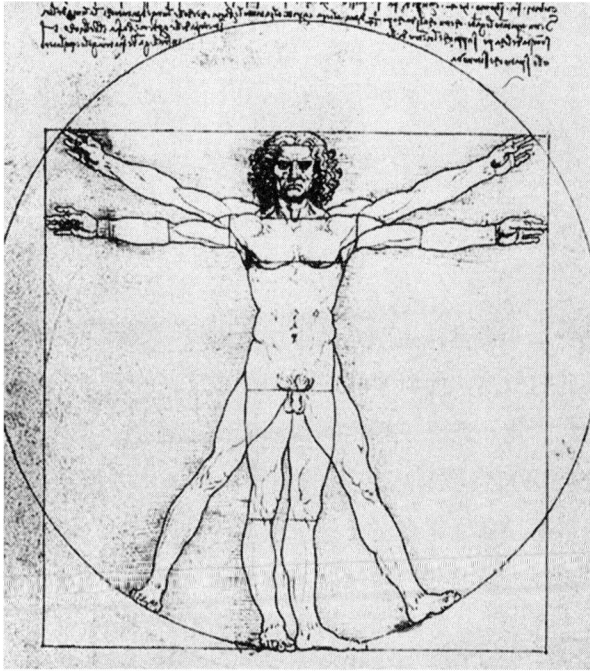

图5-2　达·芬奇书中传达的"人空合一"

第六章

城乡一元生命体生命机理

　　原有的城乡二元经济社会结构简单地从制度层面对人类聚居的城市与农村进行了一系列的分割，使城乡间成为相互独立甚至对立的运作单元。由于各类资源的相对固化，造成了城乡间在基础设施建设、医疗卫生水平、教育人才培养、社会福利实现等多方面的差距。本书认为解决农村聚居区"三农"问题的根本途径在于建立基于城乡一元生命体的第三类聚居模式，这是消除城乡差距、促进城乡共同繁荣的关键所在。因为城市与农村本身就是现代人类聚居模式和宏观社会经济结构中的不同组成部分，在生态化和制度化的过程中形成了叠加效应与空间效应，二者是同源共生关系，不可相互分割独立。本书秉承"绿色的、有机的、生命的"理念，以自然生态和人类社会协调发展为宗旨，创造性地基于组织生态学、系统科学等理论视角将城市与农村进行扬弃性的有机融合，并视为一个统一的一元生命体，本章将从城乡一元生命体生命结构的内在体征系统、城乡一元生命体结构的外在保障系统以及城乡一元生命体形成机理三方面对此问题进行论述。

第一节　城乡一元生命体内在
生命结构系统

　　最复杂的生命体形式莫过于"人体"本身，"人"既具有生命外科的有形实质，又具有"思想"这种无形生命体征，同时受到社会、文化、意识形态、价值观等多方面的影响，是一个神奇而富有活力的个体。城市与农村也可视为一个具有稳定物质形态和能量代谢现象的生命体，与人体相类似，它也由不同的细胞体构成，而不同的细胞形成了组织与器官，从而具有生命的体征与活力。

一、城乡一元生命体四大组织

众所周知，生物界犹如层层果壳，是由多层有序结构有机构成。人的生命体也具有复杂的系统（见图 6-1）。笔者认为，城乡一元生命体内在结构也是由不同的组织和系统构成，与人体内在体征系统可以实现一一对应。

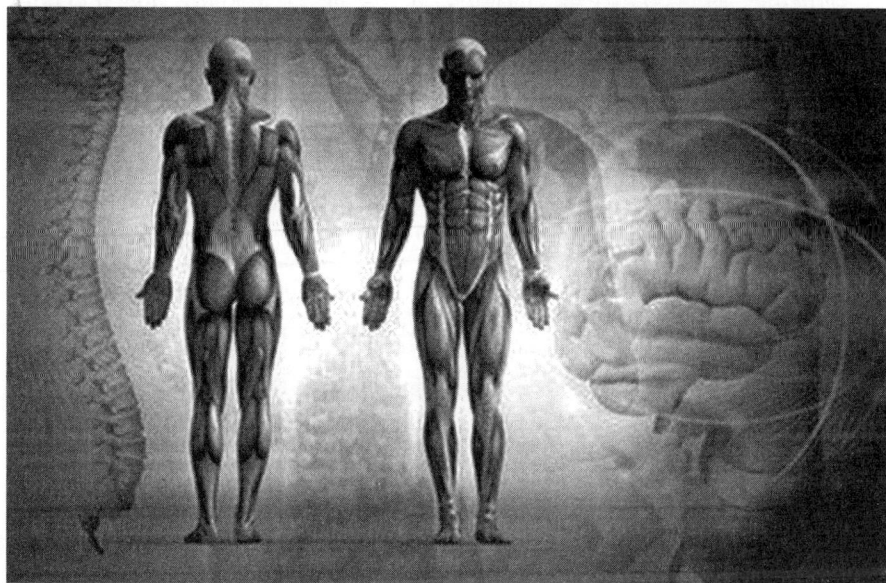

图 6-1　人体系统

城乡形态和肌理便可视为城乡一元生命体的上皮组织。生理意义上的上皮组织原指由密集排列的上皮细胞和极少量细胞间质构成的动物的基本组织。城乡形态和肌理是指城乡各部分的空间结构，是一种具有规律性的视觉展现。城市与农村在空间结构上紧密相连，具有不同的保护和黏合作用，其最大特点是具有敏感性与可再生性，敏感性指在工业化、全球化、信息化趋势下原有的城乡空间结构遭到不同程度的破坏后城乡承载着协调环境保护和资源消耗的责任；可再生性是指城乡空间结构和肌理在重塑过程中拥有多种可能性，同时具备旺盛的生命力，城乡肌理、空间结构和总体廓线的再造与和谐势必为整个城乡一元生命体增添无穷的活力。

结缔组织是一种胶体或固态基质，其最重要的功能是产生不断更新的组织液。各类建筑单体与群体、枢纽架构等骨架组织可以视为城乡一元生命体中的结缔组织。各种建筑是为人类活动提供空间，承载各项社会活动的载体，具有很强的实用价值和美学价值。不仅城市和农村的差异性体现在自然环境和经济环境方面，而且固有文化内涵和价值观的差异性是城乡冲突的根源。建筑作为一种凝固的艺术在某种程度上可以实现城乡文化、价值观的传统和融合，正如结缔组织中不断更新的组织液。

肌肉组织是被结缔组织包围的肌束，其重要的功能是完成人体内各器官的收缩活动，同时帮助机体实现各种常规动作。聚焦于城乡一元生命体系统结构中，交通运输和物流可以视为该系统中的肌肉组织。交通运输机制与人类社会各部分间均存在联结关系，兼具经济功能、社会功能和文化功能。而物流城乡一体化在城乡一元体建设中具有重要意义，通过各类物流信息的共享可以有效提高城乡物流效率。物流行业的发展是现代化发展的必然产物，正如人体的肌肉组织一样，为城乡系统的整体运转提供源源不断的动力保障（见图 6 - 1）。

神经组织是人体的基本组织，具备接受刺激和传导兴奋的功能。高级生物意义上的人类思维系统、信息技术意义上的信息化网络系统以及智能化系统可以视为城乡一元生命体中的神经组织。"人"是城乡一元生命体系统中的主体，人类在社会实践中的能力与作用决定着社会发展的快慢高低。当前，全球智能化、智慧化被广泛运用到各类生产活动中，世界正在逐步完成从物质生产占主导的社会系统向信息生产占主导的社会系统过渡。城乡一元生命体的构建并非简单地进行"工业化＋城镇化"的叠加，而是捕捉生命体征的敏感性，最大限度地调动系统内各部分的活性，这是实现城乡一元生命体系统良性运转的重要途径。

二、城乡一元生命体八大系统

上文介绍了城乡一元生命体四大组织概念、特点与功能，下文将分析该生命体系统中的八大系统。从人体结构来看，消化系统负责对食物的摄取与消化，而对各类自然和社会资源的开发与加工可视为城乡一体化生命体中的消化系统。能否实现资源均衡配置是消除城乡壁垒，达到城乡协同发展的根本性问题。建立城乡一元生命体系统的终极目标是使系统各要素之间互为资源、互为市场、互为服务，打通城乡间各要素之间的脉络，优化资源配置，建立完善的市场竞争机制。

呼吸系统的主要功能是完成对外界空气的交换，能源建设在城乡一元生命体系统中承载着这一职能。能源问题是城乡一体化过程中面临的重要挑战，空间结构上的移居势必造成能源的消费以及打破原有的供给均衡。充足不断的能源供应，是各大系统顺利运转的根本动力。从广义上来说能源包括各类自然资源和加工资源，从狭义上来说包括电力、燃气系统等。

泌尿系统的功能是将人体新陈代谢过程中的有害物质排出体外。供水、排水系统可以被视为城乡一元生命体中的泌尿系统。水乃生命之源，从古至今任何经济生活以及人类日常生活都离不开水的滋养；尽管人类从古至今都在不断探索对水的合理运用和科学处理（从古代大禹治水到当今防汛抗洪），但仍然问题不断，这就需要从生命体的泌尿系统机理上进行借鉴学习。

生殖系统的功能是繁殖后代和形成并保持第二性特征，这是一元生命体生命特质的根本体现。除了生物意义上的聚居区有各类生物的生殖繁衍之外，聚居空间、公共家居家具等的生产与再生产，土著文化的传承与突破等都应属于城乡一元生命体的生殖对应现象。

循环系统是生物体内的运输系统，由淋巴、血液等细胞外液组成，在城乡一元生命体中对应物流、交通部分。该部分的功能与肌肉组织的功能类似，起到系统内结构运转和调节的作用，也是重要的动力资源。

骨骼系统为生命体运转提供基本的支撑作用，而空间结构、街道可以视作城乡一元生命体系统中的骨骼系统。城乡一元生命体的构建势必带来原有城乡空间结构的调整与升级。在工业化社会中，城乡空间结构多为"点、轴"发展结构，而随着信息化社会的到来，以及产业间的重组与转型，城乡空间结构将呈现出均衡化、序列化的发展态势，区域间资源、消费、教育等方面的差距被不断缩小，资源配置趋于合理，最终推动资源、环境与城乡人口的健康可持续发展。

人体肌肉系统包括横纹肌、平滑肌、核心肌等部分，城乡中的各类自然和人造景观主体及市政规划可以视作城乡一元生命体系统中的肌肉系统。城乡一元生命体的基础服务系统设置是构建城乡一元生命体的重要内容，包括完善各项基础设施建设，统筹科、教、文、卫等方面协调有序的发展，实现对环境自然资源的保护。

内分泌系统的功能是传递信息，参与生长发育和生殖活动，调节机体新陈代谢，维持机体内环境的稳定。除了神经系统外，弥散内分泌系统和固有内分泌系统是人体另一个重要的调节系统。其功能类似目前无处不在的信息传播功能和多媒体舆情氛围营造。

免疫系统是人体抵御病原菌侵犯的最重要的保卫系统。对应城乡一元体系统中的防疫、清洁、卫生机制以及安全防范系统。由于之前城乡二元结构的非均衡发展，造就了城市和农村在市政建设过程中不同的"免疫力"，主要体现为环境综合治理水平以及安全治理能力。

三、智慧与精神文化系统

人的大脑、心脏、中枢神经系统更是在城乡一元生命体聚居模式中起到首脑、发动机与灵魂等作用。值得注意的是，内在精神情感系统是人体本身有别于其他生物体的特征，包括知觉、情感、意识、气质等。在城乡一元生命体系统中，内在精神情感系统主要表现为通过具体空间形态所呈现出的外显文化。城乡内在实力、外显活力的差异性造成了城乡区域间文化的断裂与冲突。在城乡一体化过程中如何保持文化的独特性和传承性，同时实现文化间的寄居与共生是全人类面临的共同议题。内在精神情感系统影响着城乡一元生命体系统中的其他组织和系统作用机制，在一定程度上起到了中枢控制的作用。

城乡一元生命体应是健康的生命系统。如同一个人，不仅是四肢发达的，而且是足智多谋的；不仅是智商高级的，而且是品行一流的。

第二节　外在支持保障系统

城乡一元生命体内在体征系统包括四大组织、八大系统以及内在精神情感系统，是整个生命体运行的基础。除此之外，城乡一元生命体的运转需要外在保障系统支持。笔者将从微观、中观和宏观三个方面分析城乡一元生命体的外在支持系统。

一、外在微观支持保障系统

"人"是城乡一元生命体中的主体，也可以视为城乡一元生命体中的微观组织部分。由于"人"本身就具有主动性、创造性、能动性，因此在认识和改造客观世界中起到了主体作用，而人在进行各类生产活动中也需要其他形态物质资料的保障。城乡二元结构中重重矛盾出现的原因之一便是没有协调好"人"本身的生存发展问题，许多经济问题和社会问题的实质是忽视了对"人"本身生存发展的保障和支持。因此在构建城乡一元生命系统中，应该重视对微观支持保障系统的建设与规划。外在微观支持保障系统，可简要地以"吃、穿、住、行、学、工、休、排"八字概括。

"吃"是人摄取能量以维持生命的基本活动，是万宗之本。随着整体生活水平的提高，对于大多数地区来说，能否吃饱已不是最大的保障，吃好、吃健康才是当前人们的普遍诉求。而食品安全问题在根源上又与三农问题息息相关，因此必须在城乡一元生命体中构建粮食、蔬菜以及食品加工的有机生产链，如目前国外发达国家进行的城市农业、立体农业等实验，目的就是为了彻底解决好传统三农问题，解决好食品安全问题。而三农问题将在城乡一元生命体构建过程中得到根本解决。

狭义上讲，"穿"在城乡一元生命体中指自身形象的表达，而从广义层面来讲，"穿"是指人对各类自然气候资源的适应。环境污染是困扰城乡发展的重要问题，爱护环境、治理污染固然重要，但增强自身对气候和自然资源的适应性也同样重要。

"住"在城乡一元生命体保障体系中指空间承载与休养生息。古语有云"安居乐业"，居住文化在中华传统文化中备受推崇，然而在经济增长规律和制度安排的影响下，住房问题已经成为困扰人们生活的重要问题，而就地城镇化，就地产业化，实现务工不出乡，可以视为解决住房问题和构建城乡一元生命体聚居工程的途径。

与"穿"类似，"行"字在城乡一元生命体系中也有狭义和广义两方面的含义。狭义的"行"指交通出行，而广义的"行"则指城乡间的交流沟通。交通运输使跨越空间距离成为可能，也是正常生产生活的基本要件。城乡间的交流沟通也是影响城乡一元生命体运转的重要因素，可以从生产消费层面延伸到文化社会层面，共同达到一元生命体内外部的和谐发展与能量运转。

"学"字在城乡一元生命体系统中指的是教育问题。教育问题一直是改革和发展的先行军，科技文化素质的差异是妨碍农村综合全面发展之症结所在。笔者认为，对于基础教育、职业教育和继续教育进行城乡一体化改革，是保障城乡一元生命体持续发展的根本途径。

"工"字在城乡一元生命体系统中指的是生产方式问题。生产方式是在生产过程中人与人或是人与自然之间形成的合作关系与体系。在城乡一元生命体中的居民，其居住、生活、生产等方式都产生了相应的变化。原有的城乡二元结构，将工业和农业按照空间聚集进行简单分割，而在城乡一元结构中，工业和农业实现协同发展，既发挥出工业对农业的推动和反哺作用，又体现出农业作为基础产业的竞争优势。

"休"字在城乡一元生命体系统中指休闲娱乐。当前我国面临着建立社会主义文化强国的重任，改变经济增长方式，拉动文化消费成为城乡一体化构建过程中的重要议题。有研究数据表明，当一国人均 GDP 达到 5 000 美元左右时，文化消费将呈现几何倍数增长，而我国文化消费只占总消费的 3%，因此还有巨大的消费释放空间。推进以休闲娱乐为代表的文化消费增长，将对城乡一元生命体结构的运转起到黏合润滑的作用。

"排"字在城乡一元生命体系统中指废物排放、回收和处理等。从生命体本身来看，合理进行能量的摄取、消耗与转化是实现良性运转的根本。建立城乡一元生命体的根本是为了最大限度地实现社会经济效率、节约自然环境资源、提高人民聚居质量，使经济增长方式从粗放型转向集约型。因此，推进循环经济对建设农业现代化和实现城乡一体化均具有重要意义，能够最优最好最有效地处理好"排"字，是城乡生命体繁衍生息的关键。

城乡一元生命体外在微观支持保障系统的"吃""穿""住""行""学""工""休""排"的顺利展开，必然离不开生态系统相关产品集成的系统支撑与保障。

二、外在中观支持保障系统

外在微观支持保障系统是以保障"人"的生存发展为根本出发点，而中观层面的对城乡一元生命体的支持与保障则是以产业布局、制度安排为核心。从静态角度观察，产业布局是指产业各要素与部门在空间形态布局中的组合情况；从动态角度来看，产业布局是各种产业资源在空间中的流动与重组。产业布局是影响产业和区域竞争力的重要因素，决定着产业结构和产业发展。

破除城乡二元体制对社会公平与发展的制约，构建城乡一元生命体不仅是体制与机制、内涵与模式层面的深刻改变，同时也是产业布局的调整。从历史角度来看，产业布局主要分为增长极型、轴线型和网络型三类。增长极型产业布局主要指通过主导产业的快速进步推动关联产业的布局模式；轴线型产业布局模式是依托各铁路交通枢纽线、通信线等基础设施线，在沿线各处发展相关产业；网络型产业布局是将增长极型产业布局与轴线型产业布局相结合，既发挥创新和先导产业优势，又综合考虑资源、交通等其他方面条件，逐步实现产业在空间上的扩散和交错分布。在城乡二元体制中产业布局多为增长极型和轴线型，工业化的发展使人口、资本、技术、创新以及权力都向一个或两个具有高生产力的城市集中，从而逐渐形成以最大的城市为中心区，小城镇和乡村为边缘区的二元空间结构，许多产业的快速发展是以牺牲周边自然生态环境为代价的。而在城乡一元生命体中，通过对比研究现有的城乡产业结构和布局、区位优势创造及空间布局的状况，深入分析影响区位选择的因素，如资源禀赋、产业集群、区域创新环境、产品周期等，在原有产业或者重新选择优势产业基础上进行区位优势再造,以区位优势重塑为根本进行城乡空间结构设计。其目的是通过产业结构调整,适应资源禀赋等要素的相应改变;通过区位优势再造营造产业结构调整的配套环境;通过城乡空间结构设计治疗"城市病"并弥补乡村公共产品供给不足或不平衡问题;发挥城乡各自的资源优势与产业特色,使工业化过程中出现的"回波效应""极化效应",尽快向"扩散效应""涓滴效应"转化和渐变;实现城乡间的优势互补与协同发展,使城乡产业布局趋于合理;实现城乡资源统筹安排和合理利用,推进城乡一元生命体的科学发展。

制度安排是指对不同经济体之间竞合关系的组合,主要包括制度变迁与制度创新。制度变迁是一种效率更高的制度替代原制度的过程。制度创新指通过对社会相互关系的变更,最有效地激发人本身的创造性和能动性,此外通过对各种资本和资源的有效合理配置,实现知识和文化溢出效应,最终推动社会进步。城乡一体化的生命活性正是通过制度层面的不断创新和变迁而被逐步激活和释放的,制度层面的支持和保障是产业发展的基础,理论层面的创新可以为实践层面提供指导,同时实践结果也反哺于制度制定。因此以全新思路探索在财政、产业、户籍、就业等各方面的政策制定对城乡一元生命体的未来构建具有重要意义。

三、外在宏观支持保障系统

从系统论视角出发,可以将城乡一元生命体中的城市、乡村、居民视为不同的子生态系统而放入自然、社会、经济、文化所支撑的宏观生态系统环境中。东方哲学思想推崇"天人合一"理念,认为天时、地利、人和是万物运行之根本,笔者认为,城乡一元生命体系统的外在支持保障系统从宏观层面来看,也可以分为三个部分:天时、地利、人和。这三个部分的关系就是自然系统与社会系统的良性互动。

"天时"本意为天道运行规律,放在城乡一元生命体中,强调的是天地人之合一、阴阳之相生、万物之生机勃发。尽管科学技术的迅猛发展使人类文明发展到了前所未有的高度,但气候变化和自然资源不可再生性依旧是制约社会可持续发展的最重要因素。因此,如何合理地运用气候资源，是城乡一元生命体建设中需要考虑的重要问题。当前全球气候正在发生缓慢而持续的变化，气温升高、降水空间分布不均、极端天气事件频发等影响了正常的工农业发展。从农业生产来看，气候变暖将改变农作物布局及种植结构，而极端天气的出现更会直接影响农产品产量与质量。与此同时，我国是农业自然资源严重不足的国家，因此在城乡一元生命体发展中应选择适应性战略，即充分利用气候资源的有利因素，克服不利影响，如消除城市雾霾、城市热岛效应等，争取实现经济发展与环境保护的双赢，建设低碳、绿色、智能化的城乡一元生命体。

"地利"本意是地理优势，也指对农业生产有利的地理条件，在城乡一元生命体中是指自然地理。因地制宜一直是我国重要的战略发展路径，地缘因素历来是在进行产业布局和产业规划过程中需要考虑的重要因素。因此，在城乡一体化的过程中，应发挥不同地区的地缘优势来统筹不同区域的均衡协调发展。随着城乡之间的经济联系、社会联系逐渐加强，城市与农村在地理上的边界会逐渐消融，甚至在传统城市可以开展都市农业的实践，从而使城乡一元生命体真正实现有机的、绿色的、生命的融合。而在城乡边缘地区势必更会形成一种城乡一元结构的"之间"区域，该区域将承载着转移农村剩余劳动力，实现城市工业化进程的重任。过渡性区域的发展在一定情况下决定城乡一元生命体的未来走向，也是生命体重要的外在保障机制。

"人和"本意指人事和谐，民心和乐，在城乡一元生命体系统中指人文环境。人文环境是一种无形的非物质社会环境，包含信仰、价值观、认知等方面，也是城乡一元生命体中重要的组成部分。城乡之间的融合势必造成文化融合与再生，这个变迁过程受到内外部因素的综合影响。因此，城乡文化的多元共生与和而不同将成为城乡一元生命体的外在保障机制。在城乡二元体制中，文化发展的政策和文化资源的配置不平衡是造成城市与乡村诸多不公的根本原因，而构建城乡一元生命体的重要意义便是实现城乡文化建设的全面发展，遏制城乡文化发展差距，释放农村文化市场需求，实现和合共生、互补双赢，促进多元文化的内生式繁荣。

第三节　城乡一元生命体运作
机理与功能机制分析

一、城乡一元生命体运作机理的组织结构系统

前文首先从人类生理结构角度分析了城乡一元生命体的内在体征系统，随后从外在角度出发，分析了城乡一元生命体的外在保障机制，本节将探讨城乡一元生命体的运作机理与运作机制。

笔者认为，城乡一元生命体的最大特点是拥有生命体征与特性，整个生命体的运转与发展既需要内在四大组织、八大系统的支持，又需要宏观、中观、微观层面的外在保障支持。此外，城乡一元生命体也可视为不同生命体构成的组织生态系统。组织生态学理论认为，整个组织生态系统是一个复合系统，是由人、组织活动与环境共同构成的。组织结构是组织生态环境中各要素排列构成的方式，影响组织成长、发展和衰败的重要因素。城乡一元生命体的组织结构主要由组织空间硬件、组织软件和组织湿件（即人）构成，三者之间相辅相成，缺一不可。

城乡一元生命体中的硬件主要包括空间设施结构集合组织和机动产品运行联动组织。顾名思义，空间设施结构组织主要是指一种静态层面的城乡集合组织，包括基础公共设施等硬件系统，从经济层面讲是城乡一元生命体产业结构升级和转移的构成；从社会层面讲是新型城镇化实现的过程。城乡的空间设施结构是产业发展的具体实现方式，在城乡一元生命体中扮演着重要角色，也是推进城镇化进程的核心驱动力量。产业升级需要对生产要素进行重新配置，尤其应注重对人力资本的合理有效配置，因此城乡空间设施结构为人的生产和生活提供了基本的物质要素，是城乡一元生命体结构中的关键构成。机动产品运行联动组织主要指交通移动，是一种动态的硬件系统。交通运输作为城乡一元生命体的硬件结构，有机连接着城市和农村，交通运输的发展是城乡一体化的重要前提和基础，同时城乡一元生命体的形成与确立也势必带动交通运输产业的发展。

城乡一元生命体的软件主要是指精神文化系统设计组织，具体包含城

乡一体化品牌建设及非物质文化传承两方面。城乡一体化品牌价值是一种包含着经济、社会、文化等多价值在内的综合价值体。在构建城乡一元生命体系统的过程中，提升居民对系统的认同感极为重要，而城乡品牌建设便是塑造认同感的有效途径。此外，对城乡一体化品牌的建设可以提升城乡形象，吸引投资者及优秀人才，带动各项产业的发展，带动产业集群的形成，促进城乡一元体的全面发展。在原有城乡二元机制中，各类文化直接界限分明，同时经济的快速发展也对固有文化造成了强烈的冲击。城乡一元生命体的出现势必形成文化生态环境的变革，不同文化之间相互吸收融合，而文化上的创新和融合是以文化传承为基础的，只有很好地实现了文化传承才能获得更广泛范围内的文化认同，这一过程是一个动态的生命过程。另一个重要软件是"服务"，主要指组织与个体之间的关联网络互动，如公共服务和治理服务等。在城乡公共服务和治理服务上的不对等是造成城乡差距的重要原因，因此在城乡一体化进程中，应该着重实现公共服务的均等化建设。如何有效整合城乡资源是城乡一元生命体建设的首要任务，应努力把社会公共事业建设的重点转移到传统农村，实现公共服务全覆盖，从而最终形成城乡一元生命体一体化协调发展的新模式。

上述的硬件和软件属于外在客观条件。本书还引入"湿件"这一人自身主观或主体概念。湿件在此特指"人"，是第三类聚居——城乡一元生命体的核心主体。人应有高贵的灵魂与素养，才称得上是感性与理性、生命与精神统一体的完整湿件，从而沉浸分布和快乐生活于城乡一元生命体的健康生命系统之中，正如鱼之得水。席勒在《美育书简》中提出了作为感性存在的人的有限性，以及人与自然之间无法割舍的依赖性；席勒还主张人之为人的根本就在于借助自己的理性和道德的力量不断地趋向于无限和永恒，对这种有限性和依赖性有一种先验的超越。席勒特别指出，游戏冲动是对感性冲动和理性冲动的超越，最后达到审美的自由。席勒尤其指出若要实现真正的人性自由，只有完成对人感性存在本质和理性存在本质的超越。同时谈到人作为自由存在的"游戏"性和人作为道德存在的"尊严"性的双面性修炼[①]。人作为生命体的有机湿件之构成，只有具备理性

---

① 姚君喜. 席勒的崇高美学理论新探 [J]. 兰州商学院学报，2003（6）：8-13.

的思维、自由的灵魂、高尚的道德，才能与自然、城乡真正形成更宏观意义上完整的"天时地利人和"之一元生命体系。这对疗养现代国内外许多审美文化方面的城市疾病、精神虚脱现象，具有十分重要的功效和积极意义。因为无论是聚居设计编码者，还是审美解码体验者，都应是具备自由与道德并存的健康高贵之湿件。

二、城乡一元生命体运行机制分析

运行机制是指在社会活动中各要素相互作用的原理及运行方式，具体表现为基本准则和相应制度的制定。笔者认为，城乡一元生命体的运行机制包括生命体自运行机制、科学技术引领机制和文艺治理辅助机制三部分。

生命体自运行机制是其内在原生自运行体制，指在自然生态基础上的生命及生命联合体的内驱动力的运行准则。

科学技术引领机制具体表现为整合多方面产业资源，实现一、二、三产业各部门的联动效应，实现协同创新。同时，加强科学技术与金融资本相结合，通过建立激励机制，推动社会性资本向科技企业聚集。此外，改革科技资源配置，使科技生产力实现向农村的大量转移。最后，营造优质环境，开拓创新服务模式，为企业提供各种便捷的政策化服务。

文艺治理辅助机制是将文化和艺术作为城乡一元生命体构建过程中不可缺少的辅助机制，从而保障运行方向的正确与顺畅。

三、城乡一元生命体系统功能机制

城乡一元生命体作为动植物生命群体共同构成的一个生命体系统，必然也具有生命意义上的联动功能及相关机制。

1. 自我调节机制

城乡一元生命体，在其存在整个过程和生命周期中，一直在对自身各种机能、自身与外界环境的相互关系进行有机调节。如同其他任何生命一样，高级生命物质的自我调节也包括分子、细胞、整体等多层次的调节。原核生物也会通过多种途径实现自我调节。城乡一元生命体系统如交通、能源、物流、生态等诸多方面可借鉴生命物质这种调节系统，以保证其健康可持续发展。例如智慧城市物联网对交通拥堵的调节管理就必须借鉴高等生物的自我调节机制。

2. 自我复制机制

笔者在《设计前瞻》（华东理工大学出版社，2009 年出版）中曾论述未来生命智能产品设计将具有自我生长复制机制，生物物质产品设计必然体现生命的主要性征：自复制；自增殖；进化；自适应。自我复制机制主要包括：① 设计手段上的进化更新，由设计师直接进行一次性设计（主客分离）到间接进行产品自我再生性设计（可持续设计、可自我升级的设计——在初始设计时便进入其进化程序，或生物物质自身的增殖复制性等）；② 设计原理上的进化革新，包括基因重组——基因或分子概念上的积木式柔性化设计生产；以分子生物学或基因工程相关理论为指导。

自我复制功能保证生命体的平衡与延续是生命系统固有的特点。在城乡一元生命体智慧系统、社会保障系统等建设中也应该具有此种机制。城乡一元生命体发展到高级阶段，在信息技术、智慧文化、生物工程、设计等协同创新下应对自身生命发展进化过程中的微观局部和复杂整体进行有选择性的自我复制。

3. 选择性反应机制

生命系统的又一重要特征，则是对体内外环境的选择性反应机制。生物的选择性反应往往是多个系统相互协调的智能型活动。简单原核生物与高等生物的选择性反应概莫能外。城乡一元生命体在聚居安全、社会治理等方面应学习并具备选择性反应机制。相关自我调节机制、自我防范机制、自我修复机制应是未来智慧型城乡一元生命体的基本运行机理，是一种不同于非生命物质中的物理反应与化学反应而自我完成的有机过程，这种有选择性的独立的反应机制，在社会综合治理方面具有积极而广泛的意义。正如细胞与外界进行物质交换时虽然也存在扩散与渗透作用，但是细胞膜能高度选择性地进行吸收与排除。

就其基础而言，生命系统的这些特征，无疑是物理化学过程并服从物理化学规律。值得城乡一元生命体学习与借鉴的是，这些物理化学变化的结果会转化为生命的模式，并成为生命所特有的属性。尽管以上三个基本属性在无机界可能全部或部分存在，但就生命的完整意义而言，生命中这三个属性只有相互结合才能健康运行在同一个生命系统中。所以，这与城乡一元生命体的生态、生命、生长属性相辅相成，笔者认为，未来城乡一元生命体绿色和谐、健康成长的有机体系，具有自我调节、自我复制和独立的选择性反应的生命机制，必将是继当前智慧城市建设之后，生命意义上更高级的人类聚居类型。

城乡一元生命体的生命组织与功能系统，不仅具有暗合相关生命脏器组织的科学机理，其系统构成要素在本质上也与东方文化中金、木、水、火、土五行原理相互呼应，如图 6-2 所示，在此不再展开。

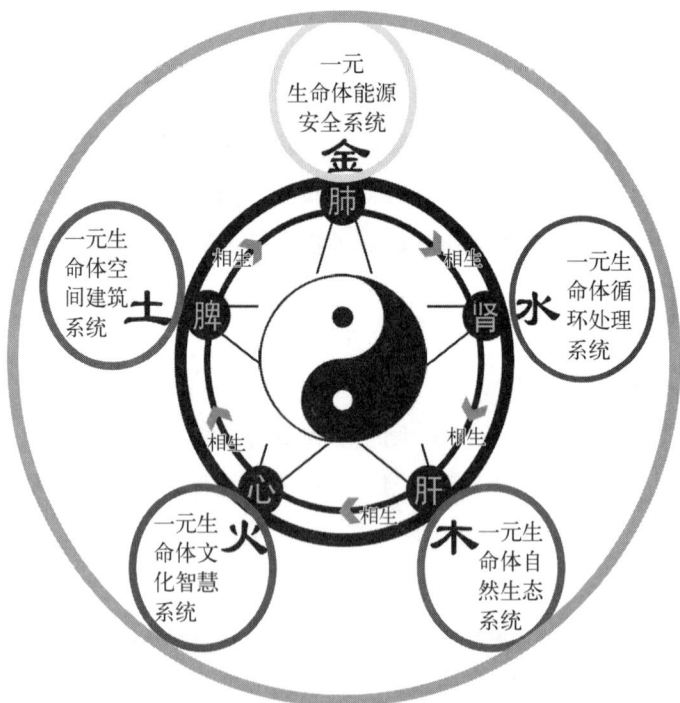

图 6-2   城乡一元生命体与五行理念对应图

第七章

城乡一元生命体设计
管理与方法

基于对人类第一、第二类聚居模式的扬弃，现对未来绿色的、有机的、生命的、文化的第三类聚居模式——城乡一元生命体设计管理与设计方法论述如下。

第一节　城乡一元生命体设计要素管理

一、设计要素提取

建材是建筑的基因要素，音符是乐曲的基因要素，词汇是语言的基因要素。而进行城乡一元生命体的设计必不可少的要素可以归纳如下：

（1）空间与时间要素；

（2）生态与生命要素；

（3）功能与人因要素；

（4）形态与结构要素；

（5）文化与艺术要素；

（6）科学与技术要素；

（7）经济与市场要素；

（8）治理与效率要素；

（9）交互与系统要素；

（10）安全与伦理要素。

1. 空间与时间要素是城乡一元生命体之基

城乡一元生命体的设计绝非是静态的平面设计，空间是时间（历史）的横断切面体现，时间会让空间发生渐变。空间具体体现在空、间、主、次、现实与虚拟等方面；时间具体体现在过去、现在、未来、历史、记忆、文脉等。在虚拟空间不断膨胀、悄然挤压现实空间的今天，必须通过系统设计、科学规划来提高人们在现实空间中的直接交往频率以及交往质量，以规避在虚拟空间的无谓时空消耗。

2. 生态与生命要素是城乡一元生命体之母

其是生态链或生态圈上的一环，指体现乡村原生态特征、生命原理、乡愁与文脉的时空介质及痕迹，以及存在的物质见证与历史记录。

3. 功能与人因要素是城乡一元生命体之本

功能即功用（实用与精神功能），人因要素指个体（男、女、老、幼）、分众（阶层特点）、大众（总体利益），体现城乡一元生命体的出发点与归宿。

4. 形态与结构要素是城乡一元生命体之体

指形态、轮廓、色彩、图底、肌理、完形、构架等，体现与承载生命体诸要素的骨骼、容貌与气质。

5. 文化与艺术要素是城乡一元生命体之魂

文学艺术（乡土与城市）、审美情感、特色创新、灵魂体现是生命体文化生产集散和人类文明的消费与创造，是生命体前进的动力与存在的第二价值。美丽中国建设，要见山见水有乡愁。

6. 科学与技术要素是城乡一元生命体之力

作为第一生产力的科学与技术，特别是第一、二、三次产业革命，德国工业 4.0 革命等技术革命与进步，极大地推动了并将继续推动人类社会的巨大发展。城乡一元生命体需要汲取科学技术产业革命的推动力量，进一步完善健康发展。

7. 经济与市场要素是城乡一元生命体之利

包括因地制宜并兼顾长远可持续发展的经济结构布局，法制下的市场规律把握，合理普惠的一元化农工合一政策。

8. 治理与效率要素是城乡一元生命体之需

从政府治理到社会治理，从行业监管到民众自觉等方面来践行政治、经济、社会、文化、生态"五位一体"科学发展的文明效益与效率。

9. 交互与系统要素是城乡一元生命体之态

体现为人、社会、工具、设备、吃穿住行等系统之间的良性高效互动与愉悦体验。

10. 安全与伦理要素是城乡一元生命体之底

身心安全、环境安全、文化安全的直观体现就是人人和谐、人物和谐、天人和谐。

城乡一元生命体聚居设计是一个系统工程，在设计中须综合考虑运用以上基因要素，并对其中重点要素加以重视。

如关于空间与时间要素，城乡一元生命体具有时间和空间双重属性。因此时空是其必然的要素。"三十辐共一毂，当其无，有车之用。埏埴以为器，当其无，有器之用。凿户牖以为室，当其无，有室之用。故有之以为利，无之以为用。"① 用三十根辐条制造的一个车轮，当中空的地方可以用来装车轴，这样才有了车的功用；用水和泥烧成陶器，当中是空的才能

---

① 许渊冲. 道德经：汉英对照 [M]. 北京：海豚出版社，2003：113.

盛放东西，这样才有了器皿的作用；开窗凿户，其内空间供人聚居，这样便有了房屋作用……有形的硬件物体只是辅助的先决有利条件，而其间构成的虚无中空才真正具有功效。空间分虚拟概念空间和物质性现实空间，主观性的概念空间视觉化后为纯粹空间；客观的现实空间又包括自然空间和人造空间。当然也可分为自然、物理、生理、心理、虚拟空间……"空"与"间"本身就蕴含分割关系，即"间"的分割与"空"的共享。这生动说明空间知觉发生在实体之间的空虚部分，从空间内部观察主要是具有过程感和时间流的视觉感和运动觉，视觉感可通过设立、天覆、夹持、地载、合抱、竖断、围合等现代构成设计方式实现，运动觉可通过时间维下的动线体现，时间动线可产生各类限定的物理空间与自由的心理空间，这些物理空间以及心理空间便可体现其空间的限定性、内外通透性、参与性等特征。

本书认为未来城乡一元生命体文化空间的生产有以下趋势或特点：

1. 技术形态上的虚实交互性

《欧盟智慧城市报告》于 2007 年发布，首次提出智慧城市六大坐标维度，即智慧环境空间、智慧流动、智慧经济、智慧公众、智慧居住和智慧管理。基于互联网、物联网、传感网技术支持，出现了成功的虚拟现实的人类大型活动。如网上世博会、上海馆大微博墙、公众参与馆的交互设施，凭借以用户为中心的界面设计（UI）、用户体验设计（UE）、云平台技术等创造了奇特的虚拟现实景观。当今世界因信息化裂变为现实和虚拟两个世界，它们正在经历着实虚两种文化空间的此消彼长，尤其体现在中观与微观层面的实体文化空间方面。这是信息时代非物质社会的重要特质表现，是未来城乡一元生命体文化空间特有的甚至是必然的异化现象。

2. 生态系统上的天人合一性

人造文化空间（包括实体物质空间和因特网虚拟空间）的自然生态性体现在人类聚居生态文化系统与自然生态文化系统的统一；低碳环保机制与可持续发展机制的协调统一则是人造文化空间在生产与再生产时的有效

路径。

3. 空间布局上的雅俗共生性

"雅"与"俗"或"文"与"商",在城乡一元生命体宏观空间与微观空间构建中具有互补共生性,如作为商业空间属性的超市、卖场、餐厅、商店等,其内部可以进行文化设施与符号精神的融合设计;具有主流文化空间属性的博物馆、图书馆、影剧院、科技馆等,其内部当然也可以有商业与文化共生的配套服务设施;中性公共空间如机场、火车站、汽车站、地铁站等,其文化气息与商业氛围交织,等等。

4. 文化生产上的时空恒久性

文化生产上的时空恒久性指空间与时间上的可持续性与可传承性。大都市作为"磁石"[①],其空间场效应之吸引力在时间维度上将继续延伸;大都市又是将要胀破的容器,因此要强调空间功能的合理性、空间布局的尺度把握以及文化空间的生产与再生产。城乡一元生命体空间不仅服务于当下聚居的居民或匆匆过客,更为重要的意义是它是城乡一元生命体聚居时间(历史传承)的媒介载体和雕刻作品,如此就自然构成了聚居区域的文化空间。

未来城乡一元生命体的文化空间,必然也是硬件、软件、湿件的交互联动与协同发展,硬件是物质性、物理性的传统文化空间以及新生文化空间载体;软件是相关的电子信息文化产品所营造的虚拟和半虚拟性非物质文化空间载体;湿体则是植入人体内部或与人体联动的如生物芯片等而形成的人机合一的未来生物智慧型文化空间或载体。这里特别提出,未来智能或智慧机器人所引发的新文化活动与文化空间作为一种城市文化空间的积极异化现象,也将会在人类城乡一元生命体文化空间生产与异化中提供重要舞台、扮演重要角色。未来城乡一元生命体的硬件、软件、湿件将会越来越呈现出软硬兼容、虚实交互、干湿互动、和谐共生与时空恒久的文

---

① 刘易斯·芒福德. 城市发展史:起源、演变和前景 [M]. 倪文彦,宋俊岭,译. 北京:中国建筑工业出版社,1989:564.

化系统生长发展状态。

　　未来城乡一元生命体聚居空间尤其文化空间，若要避免被生产转化或消极异化为更多失落空间与失效空间，必须把握一个基本原则，即对空间功能的解析、整理、定义和设计要准确适当，保持整体性和系统性，在空间功能再生产时进一步丰富、提升，即良性异化。城市空间功能的积极发展或良性异化，应是在原有功能基础上的丰富或提升，从而使主功能更加强大；功能的消极异化是指走向原有主要功能的对立面。例如韩国首尔清溪川自西向东贯穿首尔主城区，最后汇入汉江，其河道两岸成为当地人的重要公共休闲场所，每逢假日节庆，人们来到清溪川岸边进行踏青赏花、推铁环、单腿"斗鸡"、石战游戏、跳花键、放风筝、放莲灯等民俗活动，形成了当地的集体记忆与历史风俗。但从 19 世纪末到 20 世纪 70 年代，清溪川逐渐被污染破坏，工业汽车噪声、污水废气污染日益严重，古城风韵荡然无存。因此，当地政府做出重建清溪川的决定，改善其周边环境，为清溪川的复兴和改造创造机会，目的在于恢复其原有面貌、再现其历史文化。清溪川及周边环境复兴改造工程，优化了首尔自然生态，对恢复首尔历史文脉与城市记忆，提升首尔聚居文化品位和国际竞争力具有划时代的长远意义与示范效应。

　　此外，除了要实现城乡一元生命体聚居的基本功能之外，未来城乡一元生命体必须通过发展新型乡镇企业、现代农业、城乡服务行业与体验经济等，使产业布局合理化，促进产业发展，增加就业率，让居民就近转移、就地转移、当地就业，并提高其文化知识与审美素养，这是城乡一元生命体聚居设计人因要素的关键所在。

二、设计要素管理

　　上述城乡一元生命体的十大设计要素，在具体设计运用过程中，必须进行科学提取、功能归纳、系统组合、合理运用、有序精准管理。

　　首先本书认为空间与时间要素、生态与生命要素、功能与人因要素、形态与结构要素、文化与艺术要素这五个要素为构成城乡一元生命体的显性要素，决定了城乡一元生命体的主要特征和基本状态；科学与技术要素、经济与市场要素、治理与效率要素、交互与系统要素、安全与伦理要素为隐性要素，决定了城乡一元生命体的内在动力和基本保障。

这十个要素不是割裂或孤立的碎片，而是城乡一元生命体系统的有机构成，彼此具有递进、耦合、互补的逻辑秩序与辩证关系，空间与时间要素是生态与生命要素存在的前提；功能与人因要素是生态与生命要素属性与意义的价值所在；形态与结构要素是功能与人因要素的媒介和承载；文化与艺术要素则是整个城乡一元生命体的灵魂与气质体现。

正如被称为"人体的第二张解剖图"的基因组图谱，其承载着人类个体的全部生命密码，存在于人体每个细胞内的脱氧核糖核酸分子即 DNA 分子之中。基于基因的信息性、密码性尤其对生命质量高低的决定性，笔者认为每个城乡一元生命体，在破解提取出自己独特的设计要素后，必须进行功能归纳、系统组合、合理运用与有序管理。城乡的自然地理特征和人文地理文化遗产以及其他人类聚居必备硬件因子和聚居区特有的历史软件文脉，经过概括提炼出特有的"人、事、物"，就是该城乡聚居文化的碱基，这些自然环境特征与文脉胎记是城乡聚居的灵魂，他们经过如基因排序 A、T、G、C 不同排列组合（不同的排列恰恰体现出各自独一无二的文脉与气质），就会构成特有的地域聚居文化的 DNA。这正是对城乡一元生命体构成要素进行设计管理的重要意义与价值所在。否则，城乡聚居发展过程中基因链的断裂或基因码的紊乱、缺失，必然会导致人类聚居文化生态的失衡与病变，轻则千城一面，失去自我，重则百病缠身，失去健康。城乡一元生命体的基因图谱构建就是城乡一元生命体设计管理的有效表达，因此，在要素设计管理中须借鉴生物信息系统概念上的基因组图谱理念与功能，先从构成人类聚居的最原始元素中提炼出来（有助于预防聚居病例），再运用设计学上的感性工学与艺术工学等原理和系统设计管理思想，对要素进行处理编排，最终实现统计学、信息学上的数据库信息梳理、数学模型构建和智库对策研究运用。例如，当前交通规划是聚居发展研究领域的一个重要课题，通过对聚居基础设施的提炼梳理、排列组合等，运用空间数据模型研究交通与土地价格及其空间结构变异的内在联系和规律。

第二节　城乡一元生命体设计
管理模块与原则

一、城乡一元生命体设计宗旨

城乡一元生命体设计旨在实现让聚居人民生活更美好，让第三类聚居区即城乡一元生命体和整个人类可持续健康发展，即形成生态友好、山清水秀、人口适度（黄金比人口，与所在生物圈承载能力相匹配）、和谐互助（社会关系友善）、生活便捷（就地就近或居家办公，合理控制私家车，大力发展公共交通和公用共享工具、公共设计发达）、医教无忧、休闲娱乐、低碳环保、积极向上、健康持续发展的城乡一元生命体模式。

二、城乡一元生命体设计管理模块

城乡一元生命体设计体系庞大，过程漫长，为实现设计的有效展开与顺利进行，本书概括出以下五大设计管理模块：

（1）理念与文化模块；

（2）生态与生命模块；

（3）形态与媒体模块；

（4）运行与治理模块；

（5）生长与演化模块。

具体阐释如下：

1. 理念与文化模块

在微观上，要注重聚居地区气质特色和历史文脉的保护传承以及时代风格品牌的打造。在宏观上，之所以人类工业化聚居的各种规划设计病症层出不穷，主要是因为缺乏正确的规划设计理念引导，缺少城乡规划设计美学理论支撑，缺乏完善的规划设计体制机制与法制。因此，不能仅仅就目前城市病的具体个案"头疼医头、脚痛医脚"，必须进一步探索根本性的治理策略：一是理论武装——构建超越传统城市规划设计局限的广义城乡一元生命体系统设计美学的全新理论框架，二是立法执法——建立针对城乡一元生命体设计美学的专业设计体制，建立针对城乡一元生命体设计艺术工程的运行管理机制，建立针对城乡一元生命体设计美学项目的督察奖惩法制。

城乡一元生命体是一个鲜活的生命体系统，所以，城乡一元生命体设计美学的落实要靠软件、硬件、湿件统筹，以和谐的媒介秩序为视觉逻辑，提炼容纳历史积淀，涵盖辐射地区文化，体现时代发展风貌；以聚居区广大居民为本，建立具有整体结构特征且易于识别的聚居意象，把人文之善、艺术之美和科学之真贯彻于城乡一元生命体中。应侧重城乡一元生命体中各种元素关系的梳理与组合，建筑、交通、开放空间、绿化体系、文物保护、文化活动与消费、政府法制、社会管理、社区生活、个体分众与大众互动关系等城乡一元生命体子系统的交叉综合，使城乡一元生命体设计艺术渗透润泽于现代新型城镇化进程与城乡一元生命体系统的所有环节与领域，这是一种广义的第三类聚居元素的统筹整合和系统设计艺术。

构建科学成熟的城乡一元生命体设计美学的基本理论框架，是未来人类聚居健康发展的支撑体系和核心节点，是健康聚居的灵魂与支撑，是评判分析和破解消除当前中国城市规划设计病症的关键所在，是全社会创新启动、发展、转型以及构建新型城镇化——第三类人类理想聚居模式的有效路径。在这个意义上，借鉴当代西方城市发展理论与正反设计案例经验教训，尤其以目前中国城市规划设计病例顽症的梳理与治理为重点，正确把握历史经验、现状研究和预测未来三者之间的关系，紧跟甚至引领城乡一元生命体设计艺术课题与应用研究的发展方向。

2. 生态与生命模块

生态与生命模块的设计管理，首先应包括对聚居区内地面水泥封闭硬化与湿地呼吸柔化的合理面积比例控制，缩减地面硬化，扩大或恢复湿地的开发，让土地焕发生命活力，恢复呼吸功能，尤其可以在城乡一元生命体防洪解涝方面做到一级渗水入地、二级蓄水进库、三级排水汇河、四级循环利用，同时聚居湿地对聚居区生物多样性和原生态具有天然功效，也是对青少年进行生态、生命教育的生动平台；其次，转变园林绿化观念，开拓生态就业渠道，大力发展现代城市农业、立体绿化，加强以体验农业、观光农业、服务农业、民俗文化等为主要内容的新型乡镇产业开发，以绿色经济作物取代纯粹观赏的园艺产品；最后，从绿道到绿网、水网、文网等进行系统设计和立体开发，推进自然生态和人文生态的融合设计建设，让聚居区内居民生活在绿色环境之中，达到万物生长、欣欣向荣的多对多关系的友好环境。

3. 形态与媒体模块

城乡一元生命体的形态布局和意象呈现是一个多媒体系统概念，应包括精神装备类的信息视觉化形态设计，环境装备类的建筑与景观形态设计，工具装备类的公用共享的城乡聚居家具或设施设计等，从而构成以服务为核心的体验经济多媒体形态模式。还必须注重一元生命体的完形（整体形态与廓线构成）、色彩（城乡色彩基调与特色凸显）、质地（城乡一元生命体自然地理意义上的总体触觉肌理特征和人文地理意义上的视觉心理感知）、声响（基于城乡地域特色和历史传承所形成的原生态生命音响和民俗文化乡音土腔老戏等之交响）、滋味（饮食特色与小吃文化等）等所构成的形、色、质、视、听、触、味的多媒体复合形态媒介系统的统筹。

4. 运行与治理模块

强化美育教育、行为识别及法制规则。自 20 世纪 90 年代以来，城市化进程受到快速推进，"经营城市"理念和"土地财政"政策主张推行消费主义文化和空间资本化，致使城市原有的地域特色和生活文化逐渐被摧毁。城市设计与城市规划的不同之处在于城市设计缺乏法定上的强制性，控制性详细规划的两个重要指标是土地性质和容积率，但城市设计不具法律效力，因此对于城乡一元生命体建设行为仅能作为参考价值而非硬性规定，这可能造成城乡一元生命体在发展中脱离原始设想的可能。

总体聚居设计管理手册被视为能够塑造具有整体性和特色性的聚居空间环境、对聚居建设活动进行系统控制引导所编织的技术性控制框架和美学性设计管理原则。不少地方聚居设计的无调性问题日益凸显，图像化、挂历化现象渐成普遍，仿古式怀旧与无厘头的先锋试验交错并行。因此编制总体城乡一元生命体设计导则显得尤为重要和紧迫，必须迅速制定支持聚居设计健康发展的"三制"保障体系建设，即聚居设计的体制、法制与机制建设，包括建立健全城乡一元生命体聚居设计的专业设计体制，特别是要加强系统设计、协同创新与产业融合的跨界设计体制；建立针对聚居设计工程的运行管理机制，设计相应级别的各级政府主管机构；建立针对聚居设计项目的督查奖惩法制，加强针对聚居设计的立法、司法与执法建设等。

人类城乡一元生命体聚居系统规划因涉及政策管理体制，所以只有借助有效的政治运作体制才能发挥自身功用。政府机构、社会团体、聚居民众是聚居建设的三大行为主体。这三大关系到城乡一元生命体建设成败的行为主体有一个共同要求，即三大行为主体的行为必须遵循城乡一元生命体建设规律，规范管理、合理布局、有序推进。要做到以上的规范合理有序，必须建立和完善赏罚分明的奖惩机制。激励与约束机制能确保行为主体的行为从动力和压力两个层面不偏离聚居建设的正确方向。在聚居建设过程中，要努力做到有机构成、柔性推进、良性循环。规划制度要杜绝"关门规划"现象，积极推行公开、公证、公示、听证制度，让广大市民成为参与规划的主人公，并给予群众以城市建设的参与权和监督权。只有这样，才能有效应对聚居规划领域的社会问题。①

规划管理是实现规划编制和聚居设计的重要保障。在社会发展进步的同时，笔者认为可以进一步简化规划管理审批机制与环节以提高效率，降低社会成本；建立政府服务型形象，完善社会公示、公众听证等制度，保证规划的社会公平；建立和完善城市违法建设行为及时发现和制止机制，根治违法建设，还城乡一元生命体聚居区域以良好的生存环境。

无论马克思还是席勒，均将人对于客观世界的审美关系视为可以最完美体现本质属性的最高状态，因此，治理的高级形式就是要对人进行美育教育。正如席勒的审美教育思想所示，把审美教育活动作为实现人的完整

① 胡延明，张绪刚. 论我国城市规划所遇到的问题及其解决措施［J］. 城市建设理论研究，2011（15）：240.

存在的有效路径，以审美活动来教育熏陶人。审美关系或审美状态本身应为人存在的真正目的。当然，席勒更强调丰富多彩、健康向上的艺术创造是进行审美教育、实现审美状态的基本手段。

5. 生长与演化模块

生长与演化模块是一个与时俱进、不断改良、版本动态升级的生命过程，记忆年轮与生命体自身具有物质类、精神类、人本类、生命类等多重文化属性和形态表现，最终物化或聚形为城乡一元生命体之物质文化遗产或非物质文化遗产。对其过程的保护机制与法制设计既是该板块的有机构成，也是运行和治理板块的重要内容。

三、城乡一元生命体设计管理原则

城乡一元生命体设计管理原则包括：
(1) 生态生命生长规律遵循原则；
(2) 政经布局生命机理匹配原则；
(3) 空间规划时间演化耦合原则；
(4) 科技人文艺术协同支持原则；
(5) 交互设计系统思想统筹原则；
(6) 多元安全伦理底线坚持原则。

就本质而言，城乡一元生命体是地球上所有生物活动涉及的总生物圈的组成部分，是人类生物属性活动的系统体现。经过地球数亿万年漫长的进化历程形成的生物圈与地球的大气圈、水圈、岩石圈等是自然界基本的一个活动单位，它们互相依存并互相制约。因此必须遵循城乡一元生命体聚居生态生命生长的生态平衡及自然环境保护原则，以维持天人合一的友好关系和改进生态系统的生物生产力为根本原则。

特别强调空间规划的时间演化耦合原则——城乡一元生命体聚居事实、现象、过程、表现，既包括了在城乡一元生命体聚居空间上的性质，又包括一切城乡一元生命体聚居时间上的性质。应把城乡一元生命体聚居空间构成与打造视为历史瞬间的物质性切片，这种不同历史时段的瞬间横断切片的持续联结与有机组合，构成了对一切城乡一元生命体聚居的动态性生命感的认识。在研究城乡一元生命体系统时，应把时间演化耦合的瞬间片段过程置于不同城乡一元生命体聚居空间格局中考察，以构成"空间的变换"，它们可以完整地体现城乡一元生命体聚居的"复杂性"。

第三节　城乡一元生命体设计方法

城乡一元生命体系统不是城市与乡村的物理性堆积，而是有机的生命耦合。其设计在本质内涵上应符合生命机制与原理，形式上符合格式塔有机完形法则与相关形式美法则，真正做到天地阴阳和，生命大系统；有之以为利，无之以为用；城中有乡，乡中有城；图底有转换，虚实审美中；有机加整体，城乡一元体；理性加感性，美育完整人；空间加时间，文脉永传承。

具体方法有三：城乡一元生命体模仿（仿生）设计、城乡一元生命体系统设计、城乡一元生命体交互设计。本节结合德国城市农业、美国城市绿道、新加坡城市花园、智慧城市建设等案例述之。

一、城乡一元生命体模仿（仿生）设计

借鉴模仿动植物形态和机制的仿生设计是其具体方法中的一种。模仿（仿生）设计是人们对自然界（包括第二自然）各种事物、过程、现象和内在原理等本质规律进行模拟，以及通过相似性或相关性的科学类比而得到新成果的设计方法。

在此结合案例对城乡一元生命体模仿（仿生）设计重点阐释如下。

1. 道法自然

道家哲学主张"人法地，地法天，天法道，道法自然"。自然就是指自然而然，"道法自然"强调以"道"来统摄人、地、天、道，这四大层面追求相互平衡，而且必须顺从事物原本的自然发展规律。道法自然就是

道以自然而然为法则。道家思想蕴含的天人融合思想，能够使现代人在哲学层面探寻返璞归真、低碳绿色的生活方式。具体路径可以通过自然美形之模仿、自然神韵之把握、自然精华之提取、自然法理之遵从以及自然效用之发挥来达到这一法则的根本诉求，此乃城乡一元生命体模仿设计或仿生设计的要旨所在。

中国古代城乡建设中，华夏祖先就有意识或无意识地用到模仿（仿生）设计方法，邢台卧牛古城就是运用仿生设计将其建成具有典型生态意义的牛形。邢台古城规划设计，反映出古代大师通过结合古邢台独特的地理情况，有机组织与合理安排水源与水脉、物源与物流等要素的基本流向和主要功能，该城街道还被赋予了如南长（肠）街、北长（肠）街等具有牛生理属性的名字，反映出规划设计对"牛"的生命体新陈代谢机理的借鉴利用。再比如湖南凤凰古城、苏州龟形古城、南京龙蟠虎踞古城等的设计规划，也是古代先贤们运用仿生设计原理建造出的仿生聚居成功案例。

类似模仿设计的成功典范还有徽派建筑代表宏村的古村落规划设计，"牛首"为巍峨苍翠的雷岗，"牛角"为村内参天古木，庞大"牛躯"为由东而西错落有致的民居建筑群。引清泉宛若"牛肠"，经村流入被称为"牛胃"的月塘后，又经过滤流向村外，被称作是"牛肚"的南湖。人们在绕村的河溪上建造四座桥梁，作为"牛腿"。此村落对牛的仿生设计，既解决了村民消防用水，又为村民生活、生产用水提供极大便利，创造出"浣汲未防溪路远，家家门前有清泉"的诗意聚居环境和适宜生态气候。而中国长安古城三城九门之"大脑气态"原理和"八水绕城"之人体经络结构的仿生运用，也是我国以"形制"胜的代表案例。

西方相关成功案例也值得认真研究借鉴。1853 年，英国建筑师史密森曾提出一种新的城市形态——"簇群城市"，它是根据植物生长变化的规律提出的一种布局思想，他所进行的巴黎塞纳区的改建规划就是在某种程度上模拟了人的生态系统，为了使交通流量均匀分布，其把城市主干道设计成象征着植物"干茎"的三叉形的道路结构；为便于各区之间的区分与连接，把城市"干茎"设计成带有蔓延触角的自由弯曲的分叉体系，如树枝分叉又似蛛网状互联。"簇群城市"的改造思想可保持旧城的生命韵律。"簇群城市"设计思想对目前世界上很多小区的规划都产生了重要影响。

巴西利亚"飞机型"城市规划设计，是对现代交通工具飞机的模仿，因此巴西利亚的城市规划设计也是属于准仿生设计的结果。以上案例的成功经验告诉我们：在城乡一元生命体聚居环境建设中，中国可恰当地"师法自然"。城乡一元生命体规划设计中的"师法自然"，不仅是模仿自然存在物的形态或外貌，还应更深层次地学习掌握其运行机制与发展规律，从而在科学、技术、人文、艺术等多维度上实现人与自然的和谐共处，营造既有地域文化特色又能可持续发展的城乡一元生命体聚居设计。①

美国工程师哈勒斯登于 20 世纪 60 年代向"美洲文化学者国际会议"报告他的发现，古代建筑师把玛雅泰奥提华坎古城轴道两旁罗列的主要建筑设计为太阳系的模型，各部分尺寸和太阳系本身成精确完美的比值关系。

由大都会建筑事务所设计师欧雷·斯科伦所设计的"交织住宅复合体"是一种蜂窝式的结构，其包含 31 个积木状 6 层分体结构，开放空间部分用于建造城市空中花园，市民在享受城市生活便利的同时，还可种植绿色植物以陶冶性情。其每一个分体结构以特定的角度和方式搭建于另一个结构之上，以保证整个结构系统都能接收到阳光。

普利兹克建筑奖得主中国美术学院教授王澍曾讲过，传统的基本导向是人必须要向大自然学习。人的生活在一定规律的限制下，能够像花草树木一样自由生长。传统的建筑会随着时间的推移愈加耐看，因为它的建筑材料顺应自然属性，而不再是生硬突兀的人造物质，所有与自然性质融合的材料能很快地和自然融合在一起。传统的生态材料可以循环利用，和自然保持着良好的关系，而今天的建筑与自然充满着敌意。只有争奇斗艳的植物、生龙活虎的动物、奔腾不息的河川、平静如镜的湖泊与万物之灵的人类友好相处、和谐共生，才能称之为美丽世界。王澍设计的垂直院宅，力图表现个人的人生观以及文人意识与社会的融合，并巧妙地从中华传统文化中汲取营养，希望以实践来推行一种有品质的文化聚居生活新模式。这是师法自然又高于自然的成功理念。

---

① 张健健. 城市环境建设中的"道法自然"［J］. 南通大学学报（社会科学版），2013，2（29）：87.

2. 师法前人

在城乡一元生命体设计中的师法前人，核心是学习古代先哲圣贤的宝贵思想，尤其是中国古代哲学思想，然后批判性地学习近现代城乡建设中的相关经验。

中国古代哲学强调整体观念，把天、地、人三者作为一个整体来看待，由此引申就是"天人合一"，它是处理人与自然、人与社会的总法则。中国哲学认为天人本来合一，而人生的最高理想，是自觉达到天人合一之境界，这是张岱年先生所阐述的人与自然的本源关系与理想状态。正如儒家学派所认为的"天人合一"理念，就是把宇宙人生或千变万化的自然界与人类社会万事万物看作是相互联系、和谐、平衡的有序运动的一种思维模式。把"天人合一"作为人生追求的根本精神和最高境界，成为历代儒家的思维模式，这在农耕时代对中国古代城市的规划设计产生了深远的影响，今后在城乡一元生命体构建中更应挖掘其合理内核与发挥其积极作用。

正如老子"反者道之动"的辩证思考，也就是指任何事物都会向相反的方向运动，若想长久保有一种事物，那么须允许其中存在与其相反的事物。这一"反者道之动"的思想对我们在聚居文化建设中相互包容、解决冲突，以及处理人与自然的关系有非常重要的借鉴意义。

"天、地、人"三者的关系在中国城市和建筑中有突出的体现，城市设计要将人工的建筑要素和自然环境紧密地联系在一起。因此城乡一元生命体系统首先要对地方史志，前人在相地选址、概括形胜和因借地宜地兴建城市等方面的历史成就进行深入学习和研究；其次要与山水为友，深刻理解和正确把握自然生态规律；最后通过勘察调研聚居用地现场，横向比较人、社会、自然生态环境的关系，纵向梳理从古至今的演化变迁，以求延续健康可持续发展之道。

浙江省兰溪市诸葛八卦村的设计很好地说明了以上理念。诸葛八卦村的村落景色优美，古建迷人，人与自然和谐相处，富有变化而又统一。令人惊叹的是，村落以钟池为中心，村内八条小巷向外辐射，形成内八卦，村外八座小山环抱整个村落，形成天然神奇的外八卦。大多数人认为诸葛八卦村布局是诸葛后人根据诸葛亮八卦图阵法所设计，以表达对祖先的特殊纪念，也很好地传承了"八阵图"之文化遗产；还有人认为如此布局具有消防功能。以钟池为核心向四周扩散，取钟池之水救火的路线都是一条直线，对救火消防十分有利；还有人认为诸葛村战略地位显要，地处杭州外围交通要道，诸葛后人秉承祖上军事才学和战备意识，战时有利于在钟池一呼百应，对来犯之敌形成包围之势。随着考古资料的不断发现，这个诸葛村聚居的神秘规划问题在未来可以获得准确的解释。

此外，对其他领域人类社会优秀的文明成果也可异地跨界创新运用，如农业技术在城乡一元生命体中的运用；如古埃及金字塔造型，贝聿铭曾将其运用到卢浮宫广场，而迪克森·戴斯波米尔和埃里克·伊尔森则将其运用到现代城市聚居中的农业生产；如图7-1所示，巴黎庞大的城市农场设计，梦幻建筑外表的内部是真正的现代农业生产场景。

图7-1　巴黎城市农场

埃里克·伊尔森和迪克森·戴斯波米尔设计的金字塔式农场是一个完全自给自足的聚居区。农场所产生的能量完全可以满足其内部机械和照明系统的能量需求。"绿色收获城市垂直农场"由加拿大罗姆斯建筑事务所设计，可以用来种植瓜果蔬菜，进行农牧渔养殖等（见图7-2）。聚居建筑以现代绿色低碳环保的太阳能、地热能和风能为主要能源，同时还可利用混合废弃材料产生沼气，实现热量的循环利用。此外，该区域还具有配套合理的综合功能布局，包括居住区、休闲区、大型超市、农业研究以及教育中心等（见图7-3、图7-4）。

图7-2　加拿大城市垂直农场

图7-3　新加坡花园城市

图7-4　城市农业与垂直绿化设计

　　3. 效法科学

　　道法自然与师法古人实质是从文化的角度来研究、模仿和汲取自然天成的生态文化原理和古今优秀的人文艺术成果。此外，作为人类文明两翼之一的科学技术，必然也必须是未来城乡一元生命体效法研究的对象，主要集中于现代信息科学技术、智慧城市、未来城市概念设计等。

　　人类社会的生产、生活方式的变革随着工业社会向后工信息社会的推进，对聚居形态的影响正逐渐显露出来。例如，SOHU 一族借助信息网络技术能够脱离办公室在家工作；用信息通信来代替部分交通通信，促进了城市分散化发展，使交通拥挤可以根本性改观。在未来城乡一元生命体中，各类机构将倾向聚集于环境友好、效益高的创新高地。与此同时，多元性、个性化、柔性化、积木式生产方式逐渐被引入住宅产业的个性化定制与生产中，即 3D 打印建筑的应用，3D 打印技术可以将整座建筑以部件形式进行个性专业化生产。由顾客自由选定户型，再由设计人员挑选搭配组合等，因此城市居住空间结构异质化程度将更高。

　　时空距离的缩短将会使企业分布分散化、小型化成为可能，从而带动聚居区域发展呈现分散化、中小型化趋势，长此以往便可形成网络型、分散型和多中心的城乡一元生命体体系。网络通信技术突破了原有城市之间的区域行政界限，缩小了城乡之间的时空距离。此类开放分散结构促进城乡经济与城市之间横向经济的协同增长，最终会使城乡界限逐渐消失，未来城乡一元生命体之间竞争、互补、协同的关系将取代传统的等级关系。

　　在未来科学社会的背景下，城乡一元生命体工业生产系统的空间组合方式将取代传统工业大规模聚集的存在方式，呈现出地域上的分散化特征。居民将生活于小尺度的社区和大尺度的职能中心，两者之间通过互联网相连。在小尺度上，小型且多功能的复合社区满足基本的生活、工作、娱乐等，形成具有新特点的一体化中心，可谓"麻雀虽小，五脏俱全"；在大尺度上，各种高层次的活动集中于传统的城市职能中心，形成高端商务中心。未来城乡一元生命体的空间形态演变为具有统一中心的环形树状结构和千岛湖型的聚居形态。

　　越来越多国家都在为塑造未来的理想聚居模式而努力，这甚至已经成为国与国之间实力的竞争。最终目的都是希望改善现有城乡二元形态的生活模式对抗、空间冲突、文化摩擦、资源短缺以及环境污染等问题。伴随着这些思考与实际行动，高塔式、海洋式、智慧式、数字式、生态式、太阳能式、紧凑式、田园式、立体式、地下式、垂直式等未来聚居概念设计不断涌现，但笔者认为这些基本未跳出传统城市狭隘、僵化理念的桎梏，且未解决相关现实问题。人类第三类聚居模式，即城乡一元生命体，是人类生存历史中最具包容性和生命持续活力的空间和空间创造，是人类生活、工作、娱乐的聚居中心，是人类延续文明的中心。

二、城乡一元生命体系统设计

　　任何系统都是一个有机的整体，整体观念是系统论的核心思想。贝塔朗菲强调系统不是各个部分的机械相加或简单组合，系统的整体功能绝非是各功能的简单集合，也是各要素在分离或孤立状态下无法实现的，这正如格式塔完形法则基本原理，系统中各要素不是孤立地存在着，而是位置明确、功用明晰、有机配合，构成了一个不可分割的有机整体。如果将要素从系统整体中割离出来，它将失去要素的作用。城乡一元生命体的功能、结构、形态、人因、环境、经济、安全、交互等诸要素，不能进行简单、无调性地系统设计，必须以文化为主线，紧扣传统文化传承和先进文化打造，进行有机的系统的文化整合设计，赋予其先进文化的灵魂，使聚居区域的人们产生诗意栖居的自豪感与美好感。系统文化设计理念可结合以下小、中、大型系统文化设计案例予以说明。

　　小型案例：黄姚古镇是广西西江经济带上近千年的历史文化名镇，其镇内黄姚古井的用水与排水系统具有非常科学的系统设计思想和先进文化理念。图7-5为笔者实地考察后所绘制的黄姚古镇用水文化示意图。

　　中型案例："绿道"（Greenway）一词于1987年首次正式出现在官方文件《美国总统委员会报告》上。报告提出，一个生机勃勃的绿道网络，能使聚居地居民便捷地进入各自住宅附近的开放空间，使整个美国在景观上将乡村和城市有机地连接起来，就像一个巨大的循环系统延伸穿过城市和乡村。此后美国率先将绿道建设作为一项经济产业进行规划以加大建设力度（见图7-6），同时审时度势地制定并出台一系列的相关法规。此外，

图 7 - 5　广西黄姚古镇

美国在绿道理论研究和功能开发领域也位居世界先列。截至目前，其各种等级的绿道总长度长达 10 万千米，列居世界之首，且每年都要规划建设绿道数千条。其建设要求为居民可在 15 分钟内，从家或工作场所步行到达最近绿道网络。这种生态文化与休闲文化有机融合的聚居文化是未来发展趋势。

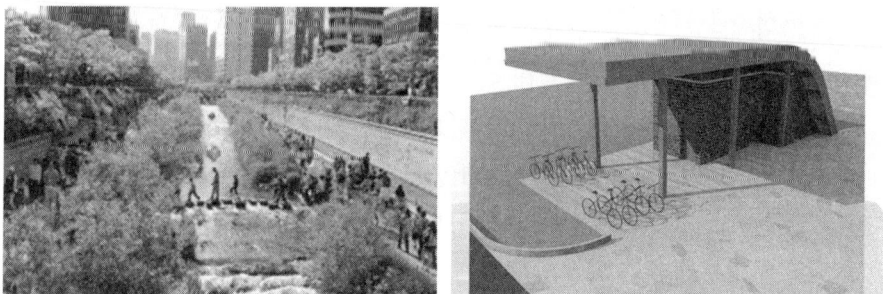

图 7 - 6　绿道设计

具有高度智慧与文化是人类区别于其他动物的根本特征。从系统设计的角度看，城乡一元生命体体系宛如多层金字塔，其最底部基础层面应是一个城乡一元生命体空间硬件文化集合系统，第二层应是城乡一元生命体机器产品等物质文化运行系统，第三层是城乡一元生命体或有机体等生命文化运行系统，第四层及以上应是城乡一元生命体精神文化乃至灵魂气韵的集中表现，一至四层文化贯穿始终，赋予城乡一元生命体绿色的、有机的、生命的、文化的系统特征。这些层面应通过以下至少 10 个方面的城乡一元生命体系统文化设计来具体体现和保证。

1. 城乡一元生命体精神理念文化设计

面对国家文化战略升级和新型城镇化发展的黄金契机，未来城乡一元生命体设计必须以高度的文化自觉和文化自信充分挖掘国家和区域优秀文化，把握时代脉搏，汲取过去城乡发展的经验教训，积极探索城乡一元生命体文化建设、城乡一元生命体文化设计的内在规律。

2. 城乡一元生命体设计的"三制"保障体系建设

自 20 世纪 90 年代以来，城市化进程受到迅速推进，"经营城市"理念以及"土地财政"政策推行的空间资本化和消费主义文化，使城市原有的地域特色和生活文化逐渐被摧毁。前述城乡一元生命体设计管理原则是为了塑造具有整体性和特色性的聚居空间环境，对城乡一元生命体建设活动进行系统控制引导所编织的技术性控制框架和艺术性统调原则。今后，必须迅速开展支持城乡一元生命体设计健康发展的"三制"保障体系建设，即城市设计的体制、法制与机制建设，以适应新型城镇化的高速健康发展。

3. 城乡一元生命体功能空间文化设计

城乡一元生命体功能空间，是城乡居民开展公共社交文化活动的开放性公共空间，是城乡一元生命体城市空间和城市景观的重要组成部分。不仅为人们提供资源共享的场所，也是展现城乡一元生命体形态和城市风貌的重要元素。20 世纪高速发展的城市现代化和交通现代化都加快了城市空间发展格局和功能结构的异化。笔者在《中国都市化进程报告 2013》（北京大学出版社）中曾指出中国城市空间形态自觉或不自觉地表现出 3 个转化挤压现象，反映出时代发展的趋势和中国城市文化空间设计的问题，即城市虚拟空间对现实空间的挤压进一步加大，这由信息时代的基本特征决定，基本属于城市空间发展与设计的正能量转换；而城市新区空间对旧城空间、城市私人空间对公共空间的挤压进一步加大则必须引起城市管理者和城市设计者的高度重视，这是两种城市空间发展与设计的负能量转换或消极挤压。从城市空间发展态势看，当今中国城市规划师和设计师以及城市规划设计参与人员在积极地为城市聚居民众规划设计城市公共空间的同时，也破坏了城市固有的空间布局和空间功能，导致大量繁复无序且功能价值低的反传统的失落空间以及过剩或过时功能空间的出现，这些失效空间及其功能都促使城市公共空间脱离了人们的日常生活环境，失去了原有的空间活力和功能价值。过分密集的城市空间布局也易导致城市热岛效应，且不符合城市聚居生态空间的美学要求。因此，要重视未来城乡一元生命体空间均衡，通过营造和建设绿色带、绿色网、绿色空间来间隔各聚居群，合理安排城市空间布局，使城乡一元生命体空间布局疏密有序、井井有条，空间功能完善、运转有条不紊。

　　街道空间作为城乡一元生命体公共空间中分布最广、延续最长的线性公共空间，更是突显城乡一元生命体公共空间特色并与居民紧密联系的文化子空间，街道空间建设的整体质量直接影响居民的日常生活质量和城乡一元生命体的综合形象，正如北京的胡同和上海的里弄。基于罗杰·特兰西克的城市失落空间设计理论及其他国际先进的城市空间设计研究方法，如何从现有街道公共空间的组织布局出发，从空间形态、构成要素、尺度关系、功能复合、场所意义等方面进行街道空间的再认识与空间功能的再解析、再定义、再整理与再设计，从而重塑特色城乡一元生命体街道文化空间环境，恢复街道文化空间活力，还原和拓展街道空间的基本功能和服务功能，应是今后中国城乡一元生命体空间设计的重点之一。

　　4. 城乡一元生命体行为规范文化设计
　　城乡一元生命体的核心是人。城乡一元生命体公共空间的塑造与设计等可以引导人的行为活动，城乡一元生命体设计中，如何通过空间形态的设计处理好形态与语义、语义与导引的关系，关键在于设计思想如何引导人的文明行为。以往由于城市行为规范文化设计意识和相关设计的缺失，没有起到引导市民行为的作用，也就不可能带来积极向上的文化风貌或氛围，具体表现在：
　　1）城市功能区单一布局导致城市景观苍白和空间环境单调
　　城市争相建 CBD、商业中心，缺乏有机融合的工作、消费、居住区域，造成市民出行、上班等需要长途跋涉，进而导致生活品质枯燥。例如北京望京等不少地区最先矗立起来的是住宅鬼城，而不是配套合理的产业聚集区。其发展思路不是通过产业来聚集居民，而是反其道而行之，导致与高密度的居民区相比，产业跟进严重不足。江苏花桥等过去也是类似于北京望京的白天无人、上下班时间人潮汹涌的"睡城"，目前随着服务外包基地等的迁入，境况开始好转。

2）人文理念缺失

打着"以人为本"的旗帜，众多聚居公共空间虽然增添了不少中心喷泉、雕塑等景观，但缺少足够的供人休憩的座椅凉亭，致使大面积的广场失去了公共交往、休闲娱乐的功能。更有甚者，以"保护城市景观"的名义在公共场所外围以栏杆，使市民无法进入活动。城市缺乏供市民活动的公共空间，这对市民文化的培育和市民合理行为诉求十分不利。

3）拒绝公众参与

城乡聚居区域是公众的，应该为公众创造并且由公众参与创造，但是由于我国城乡资源被政府部门垄断，公众极难参与到城市设计的探讨中去，从而造成政府与公众的脱节。如昆明等地的 PX 项目（对二甲苯化工项目），正是由于政府在决策时未与公众探讨，引发了市民极大的不满。

5. 城乡一元生命体多媒体识别文化设计

作为城乡一元生命体理念和行为的外在表现，城乡一元生命体视觉形象作为聚居视觉识别文化，直接体现着聚居区域的外观形象。城乡一元生命体视觉对象包括其地理位置、地形地貌、城市空间功能布局、城市建筑风格与色彩、城市景观小品、城市标识、城市环境卫生以及市民的衣着举止等。城乡一元生命体进行视觉形象识别设计的目的就是使所有来客，在视觉上对该城乡一元生命体产生良好的第一印象，该设计也是使聚居区区别于其他城乡一元生命体的重要途径。城乡一元生命体视觉识别文化不仅具有文化或精神功能，还具有重要的指示标识功能，如城乡一元生命体交通枢纽站区、大型活动场所等的标识指示系统的设计好坏甚至直接关系到人们的出行效率乃至人身安全。国外发达地区的城市色彩设计相比我们中国的同类建设更为完善。那些设计不仅注意到了建筑的色彩对城市色彩的影响，也注意到了公共基础设施等其他构筑物对城市色彩的影响，同时也会考虑利用城市色彩结合城市的历史文脉等方面营造城市品牌；具有代表性的城市景观小品、市花、市树、市徽、城市吉祥物等的营造也可辅佐城市品牌的建立，这些都对未来城乡一元生命体建设具有借鉴意义。此外，通过听觉如区歌或主旋律或地方戏曲乃至方言俚语，触觉如聚居地域特殊材质肌理体验，味觉如当地特有乡土气息等多媒体渠道的系统设计，可以对城乡一元生命体产生立体丰富的全媒体感受与认知，形成独具特色的识别文化和人文气质。

6. 城乡一元生命体公共产品文化设计

城乡一元生命体公共产品，体现出本区域人文关怀和文化风貌，具体而言，聚居区内具有公共产品特征的、被全体居民享用（但非独享）的公共家居既有公共实用性，又有文化艺术观赏性，这是增进社会福利所必需的，需要政府提升文化服务供给水平。城市公共产品类型可包括如下六点：

1）信息传达类

信息传达类产品是城乡一元生命体公共场所中用以传递各类文化信息的重要媒介，为人们的生活和出行提供了更为便利的指示。这些产品包括商业性和公益性的广告牌、广告杆、滚动条幅、交互台、指示牌、终端服务器等，其本身就是一个个文化符号。

2）交通管理类

交通管理类产品的作用是为保障人们出行时的交通秩序安全，改善城乡一元生命体公共场所中交通环境的质量，包括城市过街天桥、公共汽车候车亭、公共自行车停放架、轨道交通站体、地铁出入口、地下通道、护栏、护柱、灯柱等。

3）休憩娱乐类

休憩娱乐类产品是为满足人们出行及休闲时的需求而设置的街道家居或公用道具，它不仅能够为人们提供锻炼和休憩的场所，而且可以促进人们在现实世界的互动交流、睦邻友好与团结友爱。这些产品包括固定或移动靠椅、儿童游乐装置、健身娱乐器材、公共饮水产品等。

4）服务供给类

服务供给类产品包括路灯、地铁、公用自行车等在内的公共交通系统，邮电通信系统，快递物流系统，聚居安全系统产品，以及布局合理周到又有数量保证的独立式或移动型公厕等，在为人们的生活提供便利的同时也保护了聚居环境，对城乡一元生命体文明建设起到积极作用。

5）景观装饰类

景观装饰类产品包括景观型主体性雕塑、装饰性照明、花坛花架、林带绿道、喷泉水景、地面纹饰铺装等，此类产品使城乡一元生命体聚居环境锦上添花，实现诗意的聚居。既美化空间环境又反映出城乡一元生命体的文化内涵。

6）通用公共产品

通用公共产品主要为便于健康人、残疾人、老年人等使用的公共产品，无论何种人群都能够在城乡一元生命体生活中获得便利和舒适。其体现了城乡一元生命体文明程度，特别使社会弱势群体也能够平等地享受城乡一元生命体生活。主要包括各类坡道、盲道、电梯、多媒体指示系统、通用公厕与休憩区域等。

7. 城乡一元生命体环境生态文化设计

城乡一元生命体环境生态文化设计要更好地尊重自然、保护自然，给自然应有的地位，在尊重自然的前提下，合理地开发利用自然，适度地对城乡一元生命体公共环境进行开发和建设。具体要把握好三个方面的设计：一是减少地面硬化比率，加大对可呼吸、可渗透的湿地的修复与重建，这样可以极大改善未来聚居区域的排水防涝能力；二是以绿道网为重点的聚居区生态休闲设施建设；三是加强聚居区内外原生态动植物等生物栖息基地保护与科普教育基地设计，如崇明岛东滩湿地野生动物保护区；等等，以此改变以往城市规划中思路片面、重技术、轻生态、无人文现象，着力加强对人与自然的沟通、联系，密切加强人、社会与自然之间的友好关系。因此，应在未来城乡一元生命体公共环境的规划和设计中引入人与自然和谐共处的理念，不仅关注规划过程中的技术性与方法性，更要体现人文性和自然性的协调统一，给予自然在城乡一元生命体规划与设计中应有的地位。中新南京生态科技岛位于南京市建邺区江心洲，于2009年启动建设（见图7-7）。岛上交通体系利用仿生设计原理，整体形态如一棵生命之树，把人流从岛外输入岛内的地铁组成"树根"，多种交通工具无缝对接，人流聚散顺畅。科技岛巧妙地将保护下来的原生态水杉与建造的绿道、行人步道及脚踏车道进一步有机融合，形成生命体聚居空间体系，特别保留了建设前的部分葡萄园，创造性地打造现代农业和国家级旅游度假区。公共交通和楼宇通过最先进的电子信息技术，最终实现智慧交通、智慧农业、文化产业等综合功能，这是城乡一元生命体智慧形式的具体体现。

图 7-7　中新南京生态科技岛

　　此外，城乡一元生命体建筑要体现城乡一元生命体的绿色设计。建筑是环境的有机组成部分，绿色设计需要把建筑和自然环境有机结合，将建筑融入周围自然环境，而非使其孤立或独立。建筑布局应依据其所在区域的自然地理特征、因势利导、顺势而建、自然天成，使建筑与当地的山水意蕴融合，气场和谐，避免产生机械拼凑和生拉硬套的突兀感觉。

　　展现公共空间形态的原始自然魅力。理想的城乡一元生命体公共空间应具有原始生态的有机元素，在接合部应该是大片极尽张力的原生态地带；在城乡边缘应拥有更多的绿色或蓝色廊道，如河道、海岸线、山丘等；在城乡一元生命体中心区则拥有最繁华的生活社区，以此构筑层次鲜明的生态空间。尽量保留一些荒野地带，留出生物通道，维系或重建一些动物的栖息地，营造人和动物和谐相处的自然环境，从而积极促进人居环境质量的改善。

　　建设符合生态法则和形式美学的公共景观，树立和谐之美的构建思想。生态美学上，和谐是一种最朴实、最具有持久力的美。因而，为营造理想的生态空间，就要树立和谐之美的设计理念，大到城乡一元生命体的空间规划，小到绿地公园。斑块、廊道等景观生态学中的要素在城乡一元生命体公共空间的建设中应该广泛运用，如此不仅能够实现防涝泄洪、生物保护、文化遗产承继和休憩等功能，而且如绿道一样，廊道的线性空间特征，也会充分加强各个景观和生态区域的联系，以及城乡一元生命体景观区域的整体性与连续性。[①]

8. 城乡一元生命体节事庆典活动设计

节事庆典文化活动包含各类旅游节日、法定节日的庆典盛事，宗教活动，国际各类赛事，等等。通过举办城乡节事庆典活动可提高城乡一元生命体的知名度，提高城乡公共服务建设，吸引外来旅游者，给城乡一元生命体的旅游服务业、餐饮住宿业、文化传播业等带来无限商机。通过节事活动彰显的城乡一元生命体的地域特色和文化艺术魅力，是城乡一元生命体举办方精神文明的重要体现。但应注意节庆的内涵和品位设计，防止粗俗化、媚俗化，加强后续衍生、深化开发效应。

9. 城乡一元生命体品牌传播文化设计

城乡一元生命体品牌文化建设是提高城乡一元生命体竞争力的关键因素之一。而品牌文化传播问题则是推进城乡一元生命体品牌文化建设的重要手段，城乡一元生命体品牌化的过程就是城乡一元生命体品牌文化传播的过程。城乡一元生命体品牌文化是城乡一元生命体形象最集中的体现。网络应成为城乡一元生命体品牌文化形象设计的另外一个展示平台。

10. 城乡一元生命体衍生产品文化设计

城乡一元生命体衍生品作为城乡一元生命体设计过程中产生的满足城乡一元生命体发展需求的文化物质产品，包括非物质文化遗产和现代数码文化产品，乃至国家和地区竞争软实力，它的开发设计值得关注和重视。

以上系统设计的 10 个方面在城乡一元生命体设计实践过程中是一个有机复合与协同展开的系统工程，先进文化是其灵魂，融于城乡一元生命体

---

① 郭艳华. 营造人与自然和谐的城市生态空间 [N]. 南方日报，2013 - 2 - 4（02）.

系统设计的方方面面，因此可根据各个城乡一元生命体自身的特色与实情有所侧重，但又紧紧围绕"文化"核心统筹开展，推动城乡一元聚居文化实力综合发展，这样才能实现城乡一元生命体设计效益的最大化。

以上系统设计理念之实际运用，可以通过将如下笔者对广西壮族自治区西江经济带聚居区实地调研和系统文化设计研究成果的部分内容作为案例，来予以说明：

西江经济带聚居区独特的地理与区位优势，使其在国家经济转型与层级经济格局构建战略中地位凸显，因此，作为促进广西全面发展的又一重大战略部署，发展西江黄金水道，打造西江经济带，以"文化发展带动经济繁荣"为中心，以"沿江城市群建设"为载体，通过文化规划、文化建设、文化研究及文化观念更新等转型发展的思路来开拓广西，对实现科学发展、和谐发展、跨越发展的战略构想具有深远意义。文化设计产业应当成为重要西江经济带聚居区文化发展的驱动力量。西江经济带文化设计产业的发展，民族文化资源与现代工业设计的融合是基本出发点。西江经济带文化设计产业发展，必须立足于西江经济带独具特色的文化生态、文化资源及文化地缘优势，将以创新驱动为灵魂的现代设计作为引擎，通过民族文化设计产业创新发展的强大助推作用，提升其核心竞争力，打造西江经济带乃至广西的知名设计品牌，塑造提升和有效传播西江经济带及相关城市的综合实力与美好形象。

笔者读博期间亲赴广西实地调研发现，西江经济带聚居区的基本现状和突出问题是西江经济带属多民族聚居区，民族文化资源丰富多彩，民族文化地区设计元素与资源丰富，尤其在民族手工艺文化方面非常发达。在民族文化设计开放方面，西江经济带的民族文化设计主要体现为以下几种形式：一是作为艺术家或艺术团体的个人艺术创造而进行的艺术设计实践，这主要集中于艺术家工作室或高等院校中；二是作为旅游产品、纪念品而进行生产发售，这主要是在流动摊贩或小成本作坊中生产；三是珠三角或东南亚的大型设计产业厂商进行的订单采购，其生产主体同样大多是手工生产作坊，生产布局分散，缺乏品牌效应，同质性较高。

就其原有发展定位而言，当前西江流域民族文化资源的开发，主要围绕观光旅游产业的框架进行，民族、民间、民俗文化与手工艺文化的产业转化虽略有成效，但问题突出：一是设计千篇一律，成本很高，缺乏现代设计理念与技术；二是本土乃至整个东盟地区设计意识和技术落后；三是西江民族文化产业的发展，缺乏以西江经济带为本位的统筹设计观念，致使西江流域的民族文化设计产业割裂发展，没有形成集群竞争优势；四是西江民族文化设计产业的发展，缺乏对珠三角与东南亚两大经济体的借助，没有将这两大经济体中产生的多元需要尤其是高端需要作为自身产业发展动力，致使西江民族文化产业发展因缺乏对多元需要与高端需要的满足，而始终停留于低端水平；五是过于微观，多集中于具体产品，没有与中观地标设计和宏观城市品牌形象等进行有效、系统的整合。因此，必须针对历史与现状，利用已有设计与传统，结合时代发展要求、创意产业规律及设计艺术原理，重新进行战略思考与布局。调整产业布局，优化产业结构，转换产业发展思路，以区域发展和区域互动为发展本位，建设西江经济带聚居区系统设计的战略格局，这是该区域向绿色、有机、生命、文化的城乡一元生命体聚居模式转型发展的必然出路。

为此，笔者通过调研提出西江经济带聚居区民族文化系统设计的具体内容。

第一，西江经济带设计形态层面的战略界定。

宏观形态层面：西江经济带应以区域特色文化挖掘、特色聚居区域气质的表达营造为设计重点。首先，西江流域的城乡形态，独具天然气质与田园风格，与地方生态之间的共生性非常强，这种城乡区域风貌天然地表达了霍华德"田园城市"的城市发展理念，是西江经济带得天独厚的城乡形态设计资源优势。其次，西江经济带与珠三角及东盟地区一样，都是多民族聚集地区，民族风格凸显是城市形象与个性形成的重要方式，这是该地区个性鲜明的又一城市形态设计资源。西江经济带宏观形态层面的设计理念，可以通过城乡视觉营造、听觉营造和全媒体打造三个方面来完成，视觉营造上呈现具有民族特色的绘画、雕塑、建筑，听觉营造上呈现体现民族特色的民歌、小调、戏曲，全媒体打造上则以承载更多民族文化内容的影视、网络、游戏、节庆来实现。

中观形态层面：西江经济带应以城市特定空间打造、文化空间品质的时代提升为设计重点。根据调研，西江大多数城市原有的博物馆、纪念性建筑、文化广场等造型陈旧，设计理念过时，几乎没有运用数字化多媒体技术等，因此必须打造"西江文化地理标志"。就其形象形态而言，可以是一个在西江流域具有最大文化公约性和认同感的文化符号或设计元素，也可以是一系列能够凸显西江文化独特性的文化符号或设计元素，或二者兼有，但必须能够唤醒对西江文化的认同感。就单个符号与元素而言，在整个西江流域中广泛存在，而在中原文化与百越文化中并不凸显的"龙母"形象在较大程度上能够符合这一要求；就系列符号与元素而言，可以通过设立博物馆、纪念性建筑、文化长廊等形式，以空间集合的方式凸显西江文化的整体存在。

微观形态层面：西江经济带应以城市特色创意产品为设计重点，具体分为：① 民族民间工艺与现代艺术设计的优势互补——土加洋。如以壮、瑶、苗等民族的锦绣工艺品，嫁接艺术资源，做正版的艺术授权产品；同时运用现代技术提升效率、降低成本，打造西江民族服饰用品的创意设计产业链；让西江地区丰富的小微企业产品乃至民间民族工艺品有机会进入现代生活和国际视野。② 绿色生态资源与金色创意点子的增值低碳结合——石成金。如开发打造可循环的竹制品创意设计产业链；赋予传统农副特产食品精美的现代设计包装。③ 实体空间与虚拟世界的有机交融——小变大。使传统实体空间与信息技术和智慧城市互联，使有限实体小空间变成无限虚拟大世界。

以上三个方面，有机互动，综合互补，是西江经济带设计从宏观到微观的有机载体与系统呈现。

第二，西江经济带设计元素挖掘的战略导向。

面向民族文化传统的设计战略：西江经济带的民族文化发展历经几千年，民族文化资源形态丰富、蕴藏丰富，并且西江流域大部分的民族民俗文化资源仍然以活态存在，因此是设计产业要素挖掘的首选。主要从以下几个方面着手：① 挖掘整理本地民族文化传统设计元素，包括客家服饰、黄姚古镇民居、江头村和长岗岭村古建筑群、桂林砖石雕刻、临桂傩舞面具、桂东南木偶戏、桂平陶瓷、全州民间剪纸、苍梧丝竹挂帘、五通农民画、阳朔画扇、玉林羽毛画、金秀茶山瑶银饰、《评皇牒券》图绘、苗族刺绣蜡染、侗族百鸟羽衣等。在挖掘本地民族文化传统资源要素时，要特别注意加强对其中非物质化科学设计原理性元素的挖掘运用，如黄姚古镇的布局设计原理、黄姚古井结构的循环使用设计原理、容县真武阁隼铆挑梁防震设计原理、灵渠大坝结构和砖木扣合原理等，其生态自然性、科学合理性、低碳环保性，在今天的城市创意设计中仍有极高的学习利用价值。② 挖掘整理东盟民族文化传统设计元素。西江流域是中国内陆实现西南出海的关键通道，还是连接北部湾与东南亚各国与中国内陆的大通道。因此挖掘、整理、利用该地区和北部湾与东南亚各国得天独厚的民族民间、民俗文化符号与设计元素。③ 融入东西方民族现代优秀设计理念、引进发达地区设计人才。在设计产业日益全球化的时代，东西方设计理念与文化的融合已成趋势。在浙江海宁的中国皮革城，是皮革品牌风尚中心，已成功通过"脑体分离"，打造出一个专门融合东西方、国内外最新设计进展的智慧高地。入驻皮革品牌风尚中心的，都是各大皮革公司的研发中心。如今皮革品牌风尚中心已升级为"皮革产业省级特色工业设计示范基地"。皮革品牌风尚中心的功能很明确，就是企业的设计研发、品牌展示基地，其诞生的初衷在于让原先专注于生产的企业把更多的注意力转移到设计和营销上来，做到"脑体分离"。西江经济带民族文化设计的发展，同样应该从自身丰富的文化资源出发，构建平台、创新机制，打造能够融合东西方、国内外的智慧高地，使西江民族文化设计达到新境界。

面向文化事业的设计战略：智慧城市是高科技时代科技服务生活的城市模式。城市设计在高科技时代的必然趋向，应是纳入智慧城市构建体系，实现智慧城市的设计。西江经济带的设计战略应为积极利用数字化、信息化提升西江经济带城市文化发展水平与质量。智慧城市的规划设计主要包括智慧政府、智能交通、智慧能源、智慧物流、智慧环保、智慧社区、智慧楼宇、智慧学校、智慧企业、智慧银行、智慧医院、智慧生活以及这些智慧行业之间的跨行业应用等方面。这些与城市文化事业发展水平、生活质量、区域竞争力紧密相关，并推动城市文化可持续大发展大繁荣，因此未来西江经济带面向文化事业的设计战略必须融入智慧城市的先进理念，在加大多媒体、全媒体、交互设计、用户体验等"智"的设计力度的同时，加大以先进文化为主导的"慧"的构建与打造。

面向文化产业的设计战略：主要分为三个方面，一是设计提升物质性产品，包括对源（元）生态元素（原汁原味无须加工）的包装推广；对元素或传统产品进行改良升级设计；结合市场和本地优势进行概念性创新开发设计。在对具体产品进行设计提升的同时，进行品牌策划并同步进行传播推广。二是设计立县，即使宏观设计政策与具体创意产业的驱动引领相结合。建议在西江经济带聚居区域导入体现"政商产学研用"有机对接的"设计立县"计划或"星火燎原"计划。目前上海"设计立县"团队已经为宝应县的水晶、玻璃、乱针绣三大传统产业提供了100多套设计方案，从产品到商品的整体设计都已完成。具有自主知识产权的水晶、玻璃和乱针绣产品都被打上"宝莹牌"，统一推广。这种输出本土设计力量，与全国制造业对接，实现跨区域、跨行业联动的发展模式就称为"设计立县"计划或"星火燎原"计划。三是设计维和，即通过设计实现文化交流与沟通，最终实现文化认同。打造西江民族设计产业的目的，在于以西江文化带丰富多样的民族手工艺文化资源为发展前提，借助西江经济带的经济平台与通航便利条件，服务于珠三角与东盟十国的多元需求尤其是高端需求，发展西江民族设计产业的同时，更能通过文化设计与创意产业的交流来维护、促进本地区乃至东盟地区的和平稳定与共同发展繁荣。

第三，西江经济带设计造型元素归纳选取的战略原则。

以"山、水"为生态造型元素：该地区有蟠龙山、都峤山、立鱼峰、象鼻山等名山秀峰30余座；有南盘江、红水河、黔江、浔江、郁江、柳江、桂江、贺江、漓江等知名江、湖、泉、瀑近40处。这些山水资源充分彰显诠释了该地区"山水甲天下"的美名与内涵，更是进行城市形象创意设计的生态造型元素。"印象刘三姐"就是成功案例。

以"人、仙"为人文造型元素：近山者仁、近水者智，一方水土养一方人。西江经济带养育了众多历史名人，造就了丰富的少数民族人物传说或神话故事，如柳宗元、刘三姐、龙母等。以此为元素可以开发大批新媒体创意系列产品，如开发设计动画《刘三姐》、龙母传说等相关衍生文化设计创意产品。

以"数、码"为现代造型元素：运用多媒体电子技术与艺术，把山歌剧等传统视听元素以电子手段融入新产品设计开发中，把数码技术与艺术融入传统工艺中。如今数字产业化与产业数字化是文创产业及区域经济发展的必由之路。

第四，西江经济带城市核心内容设计的战略原则。

"民生、文化、交流"为西江经济带城乡一元生命体设计的核心内容，具体体现为：一是民生设计表达体现在吃、穿、住、行、用、休、医、安8个方面；二是文化设计表达体现在听、说、读、写、观、演、锻、欢8个方面；三是交流设计表达在微观方面体现为人与人和谐交流模式设计，在中观方面体现为城乡和谐交流模式设计，在宏观方面体现为区间乃至国际和谐交流模式设计。西江经济带城乡一元生命体文化以及系统设计，其宗旨应是通过对城乡"交流"的设计促进"宜居""和居""大同"。我国近现代史上著名的教育家雷沛鸿论述"西江文化（广西地方文化）"的"特质"时指出，在同化力开展中，广西地方文化就表现出一种伟大精神，即大同精神。西江经济带城市群设计的核心战略就是要体现并促进这种和合与大同精神的发扬光大。

第五，西江经济带城市结构设计布局的战略原则。

西江经济带的城乡一元生命体结构设计，应兼顾"老区""现区""新区"三个层面，使三者在同一聚居空间内达到结构协调。具体而言，一是要"老区保护"，以对过去"传统优势"的保护来体现传统聚居文脉与记忆；二是要"现区微调"，以对现在"发展实况"的优化来保持聚居区域活力与景象；三是要"新区建设"，以未来"和谐宜居幸福"的理念来描绘城乡一元生命体的愿景与希望。西江经济带的城乡一元结构设计，还应处理西江经济带各城乡型、色、质的不同特色定位与设计表达，避免造成经济带内部相关区域定位的结构冲突。

第六，西江经济带设计区域推进梯次联动的战略原则。

设计区域是因设计资源、产业需求以及区域发展等不同目标而产生的空间区划，其目的在于更好地实现设计产业的针对性发展与梯次联动。西江经济带中的柳州、桂林、梧州、玉林、贵港、贺州、来宾7个城市在设计区域上可以划分为3个梯队：以柳州、桂林为第一梯队进行城市设计总体策划，因为这两个市建市历史悠久，多年来在经济、文化、社会发展方面都居于全区前列，是广西的传统强市，也是西江经济带的中心城市。以梧州、玉林为第二梯队进行总体规划设计，这两个市是广西老牌地级市，其社会经济发展在广西处于中上水平，是西江经济带的副中心城市。以贵港、贺州、来宾为第三梯队进行总体规划设计，贵港、贺州、来宾三市是西江经济带的新兴城市，它们与梧州、玉林、柳州是一体的，彼此之间在各个领域相互渗透、相互合作，有着天然的共同体优势。

西江经济带区域之间应按发展重点、形态布局、战略步骤等进行合理统筹、错位竞争、优势互补、梯级推进、协同发展。在西江文化地理中，梧州是重中之重，宜在打造"西江文化地理标志"中给予特别强调和凸显；以梧州为西江文化的地理门户，桂林为堂奥，而柳州与贵港则分别为西江文化地理之两翼，四个城市形成了西江文化地理的完整轮廓。应以梧州为"西江文化地理标志"打造的龙头，引领桂林、柳州与贵港，设置相同的标志符号，以此凸显与划分出西江文化的地理轮廓。西江经济带设计区域的发展，可实现"上中下"梯次联动。从"上"引进先进人才和理念技术，如对接学习沿海地区甚至发达国家；对"中"激活设计产业园区、城乡一元生命体、CBD等的合理布局与联动机制；向"下"挖掘设计元素资源，包括民族、民间、民俗资源或东盟国家民族、民间、民俗资源，来解决就业、保护民样、引领文化、推动地区和平稳定发展。

作为一个系统文化设计工程，还必须有效打造西江经济带聚居区的知名形象和产品品牌，推动西江经济带经济社会健康、协调、可持续发展。通过政府主导、专家主持、相关企业支持以及社会各界广泛参与的一系列政策规划与实施，来着力打造西江经济带的优秀设计品牌和一流设计人才多级梯队，具体包括6个方面的主题板块，此处就不再赘述。

三、城乡一元生命体交互设计

城乡一元生命体交互设计在这里特指人与聚居所在的自然环境、社会关系、公共产品等系统相互之间的交互设计，旨在规划和描述人与人、人与物、人与环境以及系统的互动方式，然后合理编排与艺术传达这些互动行为。具体为：

1. 人与客观自然及工具系统的交互设计
此处的"人"包括从微观个体到分众、大众等不同规模与层面的人。

自然是人生存之本，自工业文明以来，人类对大自然生态环境资源等进行野蛮开发和无限度利用，最终导致人类受到自然的报复，造成全球生态危机。如何克服生态危机，实现人与自然的和谐共处是当今亟须探索解决的问题。

工具是人类肢体的延伸，人类能动地发明创造并不断升级进化工具系统，使人与工具的关系不断紧密，工具系统已经成为人的肢体和肌肤。人与工具的交互设计目前多体现为人与固定家居和移动数码产品之间点与点的 UI、UE 和交互设计等，归纳起来至少包括从宏观到微观多个层次的交互设计：一是人与宏观层面的城乡一元生命体之动态性自然生态及静态性（不动产）聚居建筑之间的交互设计；二是人与中观层面的动态工具如各类交通工具或其他公共家居家具间的交互；三是人与微观层面的随身移动终端信息工具或网络设备间的交互；四微微观层面的以生物芯片或超微传感器为代表的信息生物工程植入式或融入式设备工具在人体内的交互，更是将人之湿件与工具之硬件有机地融合在一起。

2. 人与人的交互设计

从微观上人与人的交互层面讲，要强调面对面交互交流模式的保持发扬，如以往四合院的交互顺畅，情感融合。还要重视现在微博、微信等交互平台的交互模式，虚与实交互的并重设计。作为社会关系的总和与社会性最强的高级智慧生物，个体人的生存与发展必须建立在与社会良好互动的基础之上。智慧城市具有生命特征，当今智慧城市构建的互联网、物联网、融联网等交互设计手段也必然运用到城乡一元生命体的聚居设计之中。从宏观上跨行业或跨界的群与群交互设计上讲，必须注重生产力与生产关系的协调发展，才能健康推动人类文明的整体进步与快速发展，因此各个部门行业之间的协同创新、相关产业间的融合聚变，必然是调整完善以生产关系为目的的人与人交互设计系统的一个有机构成。

3. 城与乡的交互设计

城乡一元生命体建设不是城市与乡村的简单拼装或组合，而是有机交互、一元融合的健康生命体系统建设，正如本书第六章所详细论述的，城乡一元生命体具有生命系统的健康机理特征。在城与乡有机融合交互过程中，设计服务理念、用户体验思想集中系统地体现。通过城乡一元生命体服务设计，让用户体验愉悦和幸福。此处的用户是广义的，指聚居区内多样化的生物。通过交互设计而让万物生长、生机勃勃、欣欣向荣；通过交互设计能让一元生命体聚居区的服务更系统、更人性化、更到位。具体设计应至少包括形式与内容两个方面：

一是形态与生态的交互设计，城镇与乡村的优美形态与优质生态的交互，如融入山水绿网的聚居建筑，兼具田园果林的聚居环境，这是城与乡外在形式上美与真的交互体现；二是人本与人文的交互设计，要破除传统城乡间二元体制藩篱，使城市文人与乡村士绅交流成本降低，新型互动机制健全，如交互式、开放式、共享式建筑形式下的比邻而居，你来我往，文化交流，思想碰撞。物质遗产与非物质文化遗产及其传承人将在其中起到桥梁和媒介作用，这是城与乡之间基于善和美的目的性合一的内在深层的精神交互，也是服务设计与体验经济交互的呈现及表达。绿色生态的、有机生命的城乡一元生命体的交互设计，将使以往城市的"虚脱症"和乡村的"空心化"得到根本好转。尤其后疫时代，无论是从宏观全球化顺利推进层面意义上，还是从中观学科与产业健康发展层面意义上，或是从微观人际合作多赢层面意义上，融合交互是人类整体与个体应对重大挑战与战胜各种困境，铸造人类命运共同体和可持续健康发展的精神内核与历史必然。这个"合"不仅仅是物质意义上的，更是化学和生命（生物）意义上的。

结　语
Peroration

　　大自然的微观粒子到天体星系都在不停地运动，宇宙万物有着自相似性、类圆性和聚居性。自然万物之间存在着必然的联系和共同遵守的演化规则，在生存和演化上总体呈现出一个有序的按照自身程序和规律所进行的"组合—分离—再组合—再分离"的无限循环的生生不息的运动系统，并构成具有聚居特点的群组存在模式。

　　从生物意义上讲，人类是大自然的一员，生态与生物链上的一环，生命是蛋白质存在的一种形式，因此人类聚居模式当然也是大自然系统生态圈上的一个有机生命系统的构成要件。人类聚居环境的建设内涵是人类聚集和居住的动态性、生命性、规律性活动，其外在集中表现形式则是思想者、设计者、管理者、生活者所共同营造的建筑空间、城乡景观、人类活动、社会秩序等介质性系统。正如希腊建筑师与规划师道萨迪亚斯指出，人类聚居社区主要由五大因素组成，即人、社会、自然、建筑物和基础设施。聚居活动，无论于城于乡，其核心问题必然是人与社会、自然生态之间的关系处理问题及人类生存的价值取向问题。此五种要素相互结合、相互作用，共同构成了人类聚居社区的整体运行系统。人类聚居基本模式的形成，尽管由自然生态、政治经济、文化艺术、宗教民俗等多种因素促成，但本书认为总体上与聚居主体或当事人内在的人心善恶、价值取向以及在此基础上形成的积极或消极的文化驱动力有关，善则积极可持续，恶则消极百病生，因此必须从先进文化角度引导人向善，形成人与己、人与人、人与社会、人与自然友善、亲善的和谐关系，这样人才能理性和感性相统一，全面发展，聚居才能变得和谐美好。

外在因素是第一自然（原生）与第二自然（人造）和社会环境相互作用的外在驱动力。人们往往把城与乡生硬地二元割裂，更简单地把硬件的建筑空间和时尚与否的生活方式作为城与乡的区别。而其各自本质内涵和主要内容才是根本区别，"城"与"乡"只是人类演化过程中不同聚居模式的表象修辞称谓，必须勇于突破对其认知的历史局限性，才能正确认识和根本解决聚居过程中出现的各种病症。必须深刻思索人类聚居模式的本质到底是什么，今后如何健康持续发展而让生活更美好，关键是透过表象来深入研究以人为本的聚居内容属性与发展规律，把城与乡各自的本质优点有机统一，系统设计出符合人类聚居的一种最佳模式。

通过本书的系统研究，可以得出如下结论：

人类聚居发展的驱动力和成因是"三力"作用的结果。人类的聚居不仅遵循着物理意义上万有引力之普遍规律，而且还有血缘、宗亲、民族等人类学意义上的心理引力以及政治、经济、社会等社会学场域效应意义上的文化引力之作用。人类的聚居是这"三力"相互作用并不断变化的结果。

以上述"三力"作为发展的动力学依据，人类社会聚居可分为三类聚居模式。古往今来，从栖树、穴居、村落、城堡、乡镇、城市到城市群或都市圈，从宗教广场到军事重镇、政治堡垒、经济机器和智慧文化城市等，人类过去的聚居历史以工业革命为分水岭，基本可概括为农耕时代聚族而居的第一类聚居和工业时代聚利而居的第二类聚居两类模式，即自人类诞生到第一次工业革命前后的漫长岁月为第一类聚居发展阶段，这类聚居以天然的家族血缘为紧密纽带，以原始生态和农业经济为主要经济方式。本书认为第一类聚居尽管在物质上是相对落后的，但在生态与文化上是合理和美好的。其发展历程具有三大阶段特点：原始阶段的重天神（尤其自然生态）；发展阶段的重人仁（中国是儒家文化的代表，西方重人本、人文）；后期阶段的重文化（民族主流文化、乡绅文化、民俗文化等）。

首次工业革命前后至今可称为人类历史上的第二类聚居阶段，以现代工业和后工业性为主要特征，为了追逐利益最大化而不断掠夺生态资源。以工业城市为代表的人类第二类聚居模式，在科技和物质上是高度发达的，但在生态上已经从天人合一走向天人相争，在文化上走向异化和实质性的滞后或破坏。第二类聚居模式高熵高碳，城市病爆发且愈演愈烈。中国当代解决城市病尤其是城乡二元及"三农"问题的根本途径在于统筹城乡发展，但传统的城乡一体化存在政治经济上的片面诠释、规划设计上的狭隘理解以及在经济关系、空间定位、生态环境、制度体制等方面的局限制约。20世纪以来，人类关于聚居最佳模式的探索始终伴随着人类的城市化进程快速推进，但总是问题多于对策。人类的衣、食、住、行愈发离不开自然界，人类聚居也必须依赖于自然生态为其提供物质与能量，并必须面对和接纳其"代谢"废物的生态系统。人类为生存而忙碌的单一生活，逐步向工作、休闲、娱乐、旅游、度假相结合的多样化生活转变。人属于自然，自然又是万物生灵生命体的集成。人类利用自然，需要自然，更热爱和敬畏自然。人与自然美好融洽的相处应是人类本能的永恒追求。当代人依然会将人与自然的和谐相处上升到生命体或生命共同体的全新层次。如此，人类的未来聚居才会在对人、社会、自然不断成熟的认识中越来越完美。基于此，本书从组织生态学、生命科学、系统科学、人类学、城市文化、设计艺术等理论视角，聚焦生态、生命、生长，对人类社会的聚居进行三类聚居模式的创新性划分：对第一类聚居的天人和谐进行特征总结和科学归纳；对第二类聚居模式尤其现代城市病类病因进行理性分析和对策思考；在第一、二类聚居基础上，将人类最佳聚居模式视为一个在生态系统基础上有机统一、健康成长的一元生命系统，创造性地提出未来人类社会聚居发展的第三类聚居模式——城乡一元生命体。最终构建起绿色的、有机的、生命的、文化的城乡一元生命体这一人类历史上第三类聚居模式之目的或愿景，正是本书的创新思考与立论所在，也是未来城乡一元生命体系统构建的基本逻辑与操作路径。

第三类聚居——城乡一元生命体系统，具有哲学意义上的城乡聚居辩证关系和生物学意义上的生命机理规律。本书从聚居角度对城乡一元生命体系统进行哲学意义上的辩证理性思考后认为，城乡一元生命体之"城乡一元"，是对过去城乡之间人为二元隔膜与撕裂等不公正、不公平现象的反思与修正，也是对人类和谐本真聚居规律的回归；城乡一元生命体之"生命体"应是未来人们对生态多样性、生命丰富性、和谐共生性本质的向往、尊重与把握。本书对城乡一元生命体系统的科学原理的逻辑阐述和构建，特别强调了城乡一元生命体的生命体组织与功能系统不仅与相关脏器组织的生命机理相对应，即具有生物意义上生命体的四大组织和八大系统功能机制与原理，还在本质上与东方文化中金、木、水、火、土五行原理相一致。

　　文化是城乡一元生命体系统设计构建的灵魂所在，必须进行系统管理策略和多种方法应用并重的城乡一元生命体系统文化设计。重点结合笔者深入实地考察所进行的广西西江经济带聚居文化系统设计的省部级科研项目进行创新思考和案例论证，归纳出城乡一元生命体系统文化设计管理的相关元素、模块、原则等。笔者认为城乡一元生命体在内涵上应符合有机生态的和谐包容机制原理，形式上符合格式塔有机完形法则与相关形式美法则，真正达到技术之真、人文之善、艺术之美的境界。尤其重点提出三个方向的模仿（仿生）设计、十个子项的系统设计和包含人与自然及工具交互、人与人及社会交互、城与乡交互等多层次交互设计的设计方略。

　　城乡一元生命体这一未来第三类聚居模式，不仅包括了空间意义上的形态构成特征，又体现出时间概念上的生命记忆性质。城乡一元生命体每一个聚居空间格局实质上是历史长河中一个瞬间的横断切片或定格，不同时段的切片或定格的持续集成与有机组合，构成了城乡一元生命体成长过程中的阶段性完形全貌，并筑起人们对城乡一元生命体聚居模式生命意义上的动态性历史认识。这种瞬间的片段积累就是城乡一元生命体的历史脉络和人文胎记，是聚居区域的文化密码和物质性与非物质性文化遗产。文化是一元生命体的灵魂、气质与生生不息的生命力之所在。

　　绿色生态、有机和谐、生命健康、文化繁荣的第三类聚居——城乡一元生命体，作为人类文明史上最佳的未来聚居模式，必然以天人合一的生态自然为母体背景，以健康活力的生命状态为运行机理，以科学持续的生长发展为根本目的，以技术之真、人文之善与艺术之美为设计指针，道法自然之天理而又高于原生，师法古人之智慧而又升华适今，效法科学之规律而又扬长避短，真正实现"让万物生灵生活更美好"之愿景。

　　本书提出的"第三类聚居——城乡一元生命体系统"理念与研究尽管目前在国内外尚属首次，多有不足之处，但是纵观人类聚居历史，展望未来发展，从第一类模式的农耕时代聚族而居，到第二类模式的工信时代聚利而居，进而走向第三类模式的天人融合聚善而居——人与人、人与社会、人与自然相互之间彼此睦邻友善——城乡一元生命体，是发展的必然趋势。笔者深信本书一定能对自然和谐共生、人类可持续发展，特别是对人类绿色的、有机的、生命的、文化的聚居理论研究和实践应用起到积极作用。

参 考 文 献
References

1. 中文文献

［1］圣西门. 圣西门选集（第 1 卷）［M］. 王燕生，徐仲年，徐基恩，等译. 北京：商务印书馆，1979.

［2］刘易斯·芒福德. 城市发展史：起源、演变和前景［M］. 宋俊岭，倪文彦，译. 北京：中国建筑工业出版社，1989.

［3］布宁，萨瓦连斯卡娅. 城市建设艺术中：20 世纪资本主义国家的城市建设［M］. 黄海华，译. 北京：中国建筑工业出版社，1992.

［4］埃比尼泽·霍华德. 明日的田园城市［M］. 金经元，译. 北京：商务印书馆，2000.

［5］L. 贝纳沃罗. 世界城市史［M］. 薛钟灵，等译. 北京：科学出版社，2000.

［6］包亚明. 后现代性与地理学的政治［M］. 上海：上海教育出版社，2001.

［7］包亚明. 现代性与空间的生产［M］. 上海：上海教育出版社，2003.

［8］陈迪平. 中国二元经济结构问题研究［M］. 长沙：湖南人民出版社，2000.

［9］陈敏豪. 生态文化与文明前景［M］. 武汉：武汉出版社，1995.

［10］陈铁民. 当代西方发展理论演变趋势［J］. 厦门大学学报（哲社版），1996（4）.

［11］陈修斋，杨祖陶. 欧洲哲学史稿［M］. 武汉：湖北人民出版社，1983.

［12］陈志华. 外国建筑史（19 世纪末叶以前）［M］. 北京：中国建筑工业出版社，2004.

［13］仇保兴. 19 世纪以来西方城市规划理论演变的六次转折［J］. 规划师，2003（11）.

［14］范少言. 乡村聚落空间结构的演变机制［J］. 西北大学学报（自然科学版），1994（4）.

［15］方澜，于涛方，钱欣. 战后西方城市规划理论的流变［J］. 城市问题，2002（1）.

［16］付雁南. 玻璃幕墙：从天而降的美丽子弹［N］. 中国青年报，2011 - 8 - 24.

［17］高鉴国. 城市规划的社会功能：西方马克思主义城市理论研究［J］. 国外城市规划，2003（1）.

［18］顾朝林. 中国城镇体系：历史·现状·展望［M］. 北京：商务印书馆，1996.

[19] 郭焕成. 我国乡村地理学研究的回顾与展望 [J]. 人文地理，1991，6 (1).

[20] 洪亮平. 城市设计历程 [M]. 北京：中国建筑工业出版社，2002.

[21] 胡鞍钢. 知识与发展：21 世纪新追赶战略 [M]. 北京：北京大学出版社，2001.

[22] 胡延明，张绪刚. 论我国城市规划所遇到的问题及其解决措施 [J]. 城市建设理论研究，2011 (15).

[23] 惠无央. 浅谈城市形态 [J]. 山西建筑，2005 (9).

[24] 贾兰坡，卫奇. 阳高许家窑旧石器时代文化遗址 [J]. 考古学报，1976 (2).

[25] 金经元. 近现代西方人本主义城市规划思想家 [M]. 北京：中国城市出版社，1998.

[26] 金其铭. 农村聚落地理 [M]. 北京：科学出版社，1988.

[27] 景晓芬. 城市化进程中的乡村社区形态转变：从"村社性"到"城市性"的轨迹 [J]. 理论月刊，2010 (2).

[28] 康少邦，张宁. 城市社会学 [M]. 杭州：浙江人民出版社，1985.

[29] 李百浩. 欧美近代城市规划的重新研究 [J]. 城市规划汇刊，1995 (2).

[30] 李丹. 城乡一体化的理论回顾与分析 [J]. 理论探讨，2008 (11).

[31] 李广斌，王勇，袁中金. 城市特色与城市形象塑造 [J]. 城市规划，2006，30 (2).

[32] 李泉，林柯. 国内外城乡形态问题研究述评：兼论中国城乡一体化进程中的新型城乡形态 [J]. 甘肃联合大学学报（社会科学版），2012，28 (3).

[33] 李松志，陈烈，武友德. 不同区位小城镇成长理论与模型 [J]. 城市问题，2004 (4).

[34] 李铁生. 基于共生理论的城乡统筹机理研究：访浙江工商大学教授、经济学博士郝云宏 [J]. 经济师，2005 (6).

[35] 厉以宁. 区域发展新思路 [M]. 北京：经济日报出版社，2000.

[36] 刘生军. 城市设计诠释论 [M]. 北京：中国建筑工业出版社，2012.

[37] 刘士林. 苦难美学 [M]. 长沙：湖北人民出版社，2004.

[38] 刘士林. 中国诗性文化 [M]. 南京：江苏人民出版社，1999.

[39] 刘士林，刘新静，于炜. 西江经济带民族文化设计产业发展研究 [C] //城市群蓝皮书：中国城市群发展指数报告. 北京：社会科学文献出版社，2013.

[40] 刘士林，于炜. 中国城市设计发展报告 [C] //中国都市化进程报告 2012. 北京：北京大学出版社，2013.

[41] 刘士林，于炜. 中国城市设计发展报告 [C] //中国都市化进程报告 2013. 北京：北京大学出版社，2014.

[42] 威廉·阿瑟·刘易斯. 二元经济论 [M]. 北京：北京经济学院出版社，1989.

[43] 龙厚昕，张博，鲁大伟，等. 淮河流域聚落的起源及环境 [J]. 枣庄师专学报，1997，45 (4).

[44] 罗湖平. 城乡一体化进程中的共生机理探讨 [J]. 安徽农业科学，2011，39 (5).

[45] 罗小未. 外国近现代建筑史 [M]. 北京：中国建筑工业出版社，2004.

[46] 孟鹏，郝晋珉. 城市化过程中郊区小城镇发展的区位分析 [J]. 资源科学，2004 (6).

[47] 苗力田. 古希腊哲学 [M]. 北京：中国人民大学出版社，1989.

[48] 宁越敏. 从劳动分工到城市形态：评艾伦斯科特的区位论 [J]. 城市问题，1995 (3).

[49] 欧阳国辉，王轶. 社会转型期农村居住形态研究 [J]. 湖南师范大学学报（自然科学版），2011，34 (3).

[50] 沈玉麟. 外国城市建设史 [M]. 北京：中国建筑工业出版社，1989.

[51] 宋伟轩，吴启焰，朱喜钢. 新时期南京居住空间分异研究 [J]. 地理学报，2010 (6).

[52] 孙成仁. 重估后现代：城市设计与后现代哲学状态 [J]. 规划师，2002 (6).

[53] 孙施文. 城市规划哲学 [M]. 北京：中国建筑工业出版社，1997.

[54] 孙施文. 后现代城市规划 [J]. 规划师，2002 (6).

[55] 唐子来. 城市理念对于西方战后城市规划的影响 [J]. 城市规划汇刊，1998 (6).

[56] 谭天星，陈关龙. 未能归一的路：中西城市发展的比较 [M]. 南昌：江西人民出版社，1991.

[57] 唐艳明. 景观行业法规缺失影响世界级作品诞生 [J]. 城市住宅，2009 (11).

[58] 王富臣. 形态完整：城市设计的意义 [M]. 北京：中国建筑工业出版社，2005.

[59] 王海兰. 农村"空心村"的形成原因及解决对策探析 [J]. 农村经济，2005 (9).

[60] 王宏雁，杨剑. 新农村规划的乡村聚落思考：以豫北某村规划为例 [J]. 甘肃科技，2009，25 (22).

[61] 王慧. 新城市主义的理念与实践、理想与现实 [J]. 国外城市规划，2002 (3).

[62] 王建国. 现代城市设计的理论和方法 [M]. 南京：东南大学出版社，1991.

[63] 王受之. 世界现代建筑史 [M]. 北京：中国建筑工业出版社，1999.

[64] 王旭. 美国城市史 [M]. 北京：中国社会科学出版社，2000.

[65] 巫细波，杨再高. 智慧城市理念与未来城市发展 [J]. 城市发展研究，2010，17 (11).

[66] 吴传清. 西方城市区域集合体理论及其启示：以 Megalopolis、Desakota Region、Citistate 理论为例 [J]. 经济评论，2005 (1).

[67] 吴缚龙，周岚. 可能的乌托邦：中国理想城市的探索与启示 [J]. 广西城镇建设，2010 (3).

[68] 吴家骅. 环境设计史纲 [M]. 重庆：重庆大学出版社，2002.

[69] 吴志强. 百年现代城市规划中不变的精神和责任 [J]. 城市规划，1999 (1).

[70] 奚洁人. 世界城市精神文化论 [M]. 上海：学林出版社，2010.

[71] 谢景锋. 新经济时代美国城市的发展趋势与理论 [J]. 城市规划，2001 (2).

[72] 熊国平. 当代中国城市形态演变 [M]. 北京：中国建筑工业出版社，2006.

[73] 徐全红. 城乡一体化与城乡公共产品统筹供给 [J]. 河南财政税务高等专科学校学报，2011，25 (4).

[74] 考古学编辑委员会. 中国大百科全书·考古学 [M]. 北京：中国大百科全书出版社，1986.

[75] 徐巍. 沪巡查逾千幢玻璃幕墙建筑 [N]. 劳动报，2012-4-20.

[76] 徐臻，黄善明. 社会生产方式变革中城市居住形态变迁的理论分析 [J]. 生产力研究，2011 (7).

[77] 许月明，梁山. 城乡结合部耕地保护问题研究 [J]. 经济问题，1998 (10).

[78] 薛力. 城市化背景下的"空心村"现象及其对策探讨：以江苏省为例 [J]. 城市规划，2001，25 (6).

[79] 阎保平. 中国古代的"庭院广场" [J]. 南阳师范学院学报（社会科学版），2004，3 (2).

[80] 杨乔娴. 中国现代建筑的民族性表达：以苏州博物馆新馆为例 [D]. 扬州：扬州大学，2008.

[81] 于炜. 设计前瞻 [M]. 上海：华东理工大学出版社，2009.

[82] 余茂辉，吴义达. 国内城乡一体化的理论探索与实践经验 [J]. 乡镇经济，2009 (7).

[83] 俞孔坚，李迪华，吉庆萍. 景观与城市的生态设计：概念与原理 [J]. 中国园林，2001 (6).

[84] 张洪波，徐苏宁. 低碳时代的城市发展导向与城乡规划变革 [J]，哈尔滨工业大学学报（社会科学版），2011，13 (5).

[85] 张健健. 城市环境建设中的"道法自然" [J]. 南通大学学报（社会科学版），2013，2 (29).

[86] 张京祥. 城镇群体空间组合 [M]. 南京：东南大学出版社，2002.

[87] 张卫良. 工业革命前英国中小城镇的发展 [J]. 杭州师范学院学报（社会科学版），2005 (6).

[88] 张志伟，冯俊，李秋零，等. 西方哲学问题研究 [M]. 北京：中国人民大学出版社，1999.

[89] 章亚光. 徽州更名黄山和绩溪划出徽州的法律透视 [J]. 合肥学院学报（社会科学版），2004，21 (4).

[90] 赵敦华. 西方哲学简史 [M]. 北京：北京大学出版社，2001.

[91] 赵树枫，陈光庭，张强. 北京郊区城市化探索 [M]. 北京：首都师范大学出版社，2001.

[92] 赵中枢. 英国规划理论回顾 [J]. 规划师，1995 (2).

[93] 郑毅. 城乡一体化视觉下盘锦市域城镇空间结构重组研究 [D]. 沈阳：沈阳建筑大学，2012.

[94] 钟纪刚. 巴黎城市建设史 [M]. 北京：中国建筑工业出版社，2002.

[95] 朱江. "山水城市"的理论基础与理论特点 [J]. 中外房地产导报，1997 (14).

[96] 朱新山. 中国乡村社区的结构形态与组织创新 [J]. 毛泽东邓小平理论研究，2005 (12).

[97] 赫希曼. 经济发展战略 [M]. 北京：经济科学出版社，1991.

[98] E. 沙里宁. 城市：它的发展、衰败与未来 [M]. 顾启源，译. 北京：中国建筑工业出版社，1986.

[99] 高亮华. 人文主义视野中的未来 [M]. 北京：中国社会科学出版社，1996.

[100] 李百浩. 欧美近代城市规划的重新研究 [J]. 城市规划汇刊，1995 (2).

[101] [新闻1+1] 奢侈的"废园" [EB/OL]. (2012 - 04 - 19) [2016 - 02 - 10]. http://news.cntv.cn/china/20120419/107221.shtml.

[102] 492 米，中国新高度 ［J/OL］. 三联生活周刊，2008（14）［2018 - 02 - 15］.
http：//www. lifeweek. com. cn/2008/0428/21348. shtml.

[103] CNN 评全球最丑的十大建筑：沈阳方圆入选 ［EB/OL］.（2012 - 01 - 09）［2018 -
02 - 15］. http：//news. 0898. net/2012/01/09/745034. html.

[104] 当前城市建设规划失误案例分析 ［EB/OL］.（2010 - 09 - 01）［2018 - 02 - 15］.
http：//www. js. xinhuanet. com/xin _ wen _ zhong _ xin/2010 - 09/01/content _
20788016. htm.

[105] 鄂尔多斯耗资 50 亿建新城　街上清洁工比行人多 ［EB/OL］.（2010 - 04 - 02）
［2018 - 02 - 15］. http：//news. cnwest. com/content/2010 - 04/02/content _ 2920841.
htm.

[106] 上海外滩下匝道"提前退休"反思城市基础设施规划 ［EB/OL］.（2008 - 02 - 24）
［2018 - 02 - 15］http：//news. xinhuanet. com/newscenter/2008 - 02/24/content _
7660230. htm.

[107] 设计师回应"央视新楼色情传言"：只想设计好大楼 ［EB/OL］.（2009 - 08 - 27）
［2018 - 02 - 15］. http：//www. chinanews. com/cul/news/2009/08 - 27/
1836637. shtml.

[108] 新北市晋升全球 21 大国际智慧城市 ［EB/OL］.（2011 - 11 - 15）［2018 - 02 - 15］.
http：//tw. people. com. cn/GB/14812/14875/16256025. html.

2. 英文文献

[109] A. Blowers. *Planning for a sustainable environment: A report by the town
and country planning association*. Earthscan publications，1993.

[110] A. J. Morris. *History of Urban Form: Before the Industrial Revolution*. Wiley，
1979.

[111] B. Cullingworth. *British Planning: 50 Years of Urban and Regional Policy*. The
Athlone Press，1999.

[112] B. Lenardo. *The Origins of Modern Town Planning*. M. I. T，1967.

[113] Michael Batty. Urban Regeneration as Self-Organisation. *Architecural Design*，
Jan 2012，Vol. 82 Issue 1，pp. 54 - 59.

[114] B. Michael. American Planning in the 1990：Evolution，Debate and Challenge.
Urban Studies，1996（4 - 5）.

[115] Tye S. Farrow，S. Vanderkaay. Bringing Healthy Design to the Suburbs. *Canadian
Architect*，March 2011，Vol. 56 Issue 3，pp. 31 - 32.

[116] J. B. Cullingworth，V. Nadin. *Town and Country Planning in the UK13th*.
Routledge，2002.

[117] J. M. Levy. *Contemporary Urban Planning*. Prentice Hall Inc，2002.

[118] J. A. Friedman. *General Theory of Polarized Development*. The Free Press，1972.

[119] K. G. Myrdal. *Economic Theory and Underdeveloped Regions*. Duckworth
Press，1957.

[120] K. Lynch. *Good City Form*. Harvard University Press，1980.

[121] Khansfid, Mahdi. Manzar: Creative City and Urban Management. (English). *The Iranian Scientific Journal of Landscape*, 2012, Vol. 4 Issue 19, pp. 8－95.

[122] Lewis, E. A. *Economic Development with Unlimited Supply of Labor*. The Manchester School, 1954.

[123] Lipton, M. *Why Poor People Stay Poor: Urban Bias in World Development*. Temple Smith, 1977.

[124] L. Mumford. *The Urban Prospect*. Brace & World Inc, 1968.

[125] M. C. Sies. *Planning the Twentieth Century American City*. Johns Hopkins University Press, 1996.

[126] M. Northam. *Urban Geography*. John Wiley & Sons, 1978.

[127] Nation Maury, Fortney Timothy, Wandersman Abraham. Race, Place, and Neighboring: ocial Ties Among Neighbors in Urban, Suburban, and Rural Contexts. *Environment & Behavior*, Sep 2010, Vol. 42 Issue 5, pp. 581－596.

[128] Ndubisi, Forster. Sustainable Regionalism: Evolutionary Framework and Prospects for Managing Metropolitan Landscapes. *Landscape Journal*, 2008, Vol. 27 Issue 1, pp. 51－68.

[129] P. Allmendinger. *Planning Theory*. Palgrave Macmillan, 2002.

[130] P. Hall. *Cities of Tomorrow: An Intellectual History of Urban Planning and Design in the Twentieth Century*. Blackwell Publishers, 2002.

[131] P. Hall. *The World Cities*. George Weidenfeld & Nicolson Limited, 1984.

[132] P. Abercrombie. *Town and Country Planning*. Oxford University Press, 1933.

[133] P. Burguss. Should Planning History Hit the Road? An examination of the State of Planning History in the United States. *Planning Perspective*, 1996 (11).

[134] S. Campbell, S. S. Fainstein. *Reading in Planning Theory*. Blackwell Publishers, 1996.

[135] W. Arnold. *Encyclopedia of Urban Planning*. McGraw Hill, 1973.

[136] W. Perkins. *Cities of Ancient Greece and Italy: Planning in Classical Antiquity*. George Braziller, 1974.

[137] R. Freestone. *Urban Planning in a Changing World: The Twentieth Century Experience*. Brunner-Routledge, 2000.

[138] S. Sassen. *The Global City*. Princeton Press, 1991.

[139] Sodoma, Brian. What Stays in Las Vegas Is Green. *Planning*, Feb 2008, Vol. 74 Issue 2, pp. 40－43.

[140] Szkordilisz, Flóra. Microclimatic Effects of Green Facades in Urban Environment. *Advanced Materials Research*, 2014, Issue 899, pp. 415－420.

[141] W. Perkins. *Cities of Ancient Greece and Italy: Planning in Classical Antiquity*. George Braziller, 1974.

[142] Xiangsheng Dou; Jing Wang; Yating He. Urban Green Planning and Sustainable Development: A Case of China. *Applied Mechanics & Materials*, 2014, Issue 522－524, pp. 1622－1626.

[143] Youpei Hu. Urban Form Conservation Strategies for Sustainable Development: An urban design project of a historic town. *Advanced Materials Research*, 2014, Issue 919 - 921, pp. 1595 - 1598.

[144] Zhi-guo LI, Jing SUN. Public Art and Contemporary Urban Culture — Research of Embodiment of Core Value of Urban Public Art in the Construction of Urban Culture. *Advanced Materials Research*, 2014, Issue 919 - 921, pp. 1634 - 1637.

[145] A. Rapoport. *Human Aspects of Urban Form*. Perbaman Press, 1977.

索　引
Index

后　记
Postscript

　　人类聚居，如何才能让生活更美好？作为城乡文化研究和设计教学工作者，这是我多年来一直在苦苦思考的命题。如同十月怀胎，从研究问题的提出，到收集资料、方法探究，再到最后的行文写作，无疑是个艰苦疲惫而又兴奋刺激的过程。艰苦疲惫于多少个通宵达旦否定之否定的苦苦思索，多少个白天蓬头垢面地埋头于书山电脑中；兴奋刺激于研究从量变到质变中的灵感顿悟。这个过程对人的身心是强有力的挑战，但更是一种深刻的精神之旅和难得的快感体验。

　　感谢吾师刘士林教授，卅载结缘，多年栽培，师恩难忘。其深厚的学术涵养，高深的学术造诣，严谨的治学精神，真诚的待人方式，卓越的文人风骨，让我钦佩并受益良多。特别是老师基于使命与责任的严密逻辑思维、宽广学科视野，对城市发展等相关现实问题之敏锐的观察把握、深刻的理解归纳与科学务实的对策研究，更使我终身受用。

　　衷心感谢孜孜不倦、传道授业的张国良老师、李本乾老师、单世联老师、李亦中老师、胡惠林老师、薛可等老师等在我博士攻读、课程教学、研究开题、写作答辩等过程中提出的宝贵建议，这些建议对我的专业学习和研究起到了重要作用；衷心感谢国家发改委、国务院新闻办（中央外宣办）、国务院参事室、住房和城市建设部、中国国际经济交流中心、《人民日报》《光明日报》等相关领导、老师与朋友让我眼界与思路更加开阔；衷心感谢上海交通大学研究生院相关部门领导、老师和媒体与设计学院相关部门领导、老师的真诚关心；衷心感谢华东理工大学艺术设计与传媒学院相关领导、老师的支持和理解；衷心感谢艾慧、阎峰、杨柳、姜鑫玉等好友的真诚支持；衷心感谢城市科学研究院所有老师；衷心感谢刘新静、张立群、王晓静、马应福、马娜、盛蓉、孔铎、张书成、张懿玮、周之澄、周继洋等同门师兄弟姐妹；衷心感谢汪文娟、吕阳、马婉秋、郭明月、陈欣、王琳等在我本书写作过程中给予的帮助。今生我们能相遇相知，是缘，是幸，是我人生之乐事。真情地久，友谊天长。

最后，深深感谢我的父母、妻儿、姐妹兄弟一直以来对我的无价恩情与无上挚爱。再次感谢所有给予我帮助和鼓励的人们！